Einkauf von Dienstleistungen
Potenziale ausschöpfen – Prozesse optimieren

Georg Sorge

Einkauf von Dienstleistungen

Potenziale ausschöpfen
– Prozesse optimieren

Band 19
Praxisreihe Einkauf/Materialwirtschaft

Herausgegeben von
Prof. Dr. Horst Hartmann

Deutscher Betriebswirte-Verlag GmbH, Gernsbach

Bibliografische Informationen der Deutschen Bibliothek

Die Deutsche Bibliothek verzeichnet diese Publikation in der Deutschen Nationalbibliografie; detaillierte bibliografische Daten sind im Internet unter http://www.ddb.de abrufbar.

© Deutscher Betriebswirte-Verlag GmbH, Gernsbach 2012
Druck: KN Digital Printforce GmbH, Stuttgart
ISBN: 978-3-88640-152-9

Inhaltsverzeichnis		5
Verzeichnis der Abbildungen		9
Verzeichnis der Beispiele		9
Verzeichnis der Abkürzungen		10
Vorwort		13

1.	Wirtschaftliche, gesellschaftliche, technologische, ökologische und politische Rahmenbedingungen	15
2.	Der Einkauf wandelt sich	18
2.1.	Der Wertbeitrag des Einkaufs zum Unternehmenserfolg	20
2.2.	Welche Bedeutung hat der Einkauf in der Zukunft?	22
3.	**Dienstleistungen**	24
3.1.	Entstehung und Verbreitung der Dienstleistungen	24
3.2.	Volkswirtschaftliche Bedeutung von Dienstleistungen	24
3.3.	Der Begriff der Dienstleistung	25
3.3.1.	Potenzialorientierung	27
3.3.2.	Prozessorientierung	27
3.3.3.	Ergebnisorientierung	28
3.4.	Interne Dienstleistungen	30
3.5.	Externe Dienstleistungen	30
3.6.	Öffentliche Dienstleistungen	31
3.7.	Dienstleistungsnutzer und -anbieter	31
3.7.1.	Privatpersonen	32
3.7.2.	Betriebliche Nutzung	33
3.8.	Internationalisierung	34
3.8.1.	Internationale Dienstleistungswirtschaft	35
3.8.2.	Europäische Dienstleistungsrichtlinie	37

4.	**Der Einkauf von Dienstleistungen**	**40**
4.1.	Sach- und Dienstleistungsbetriebe	40
4.2.	Die Bedeutung des Dienstleistungseinkaufs	41
4.3.	Einbindung in die Einkaufsorganisation	44
4.4.	Materialgruppenmanagement	45
4.5.	Das Beschaffungsportfolio der Dienstleistungen	48
4.5.1.	Forschung & Entwicklungsleistungen (F&E)	48
4.5.2.	Konstruktions- und Ingenieurleistungen	51
4.5.3.	Lizenzen und Patente	53
4.5.4.	Marketing, Agenturleistungen	55
4.5.5.	IT-Outsourcing	58
4.5.6.	Telekommunikation (TK)	61
4.5.7.	Facility Leistungen / Management (FM)	63
4.5.8.	Industrielle Instandhaltung: Wartung, Reparaturen	67
4.5.9.	Operationelle Dienstleistungen	70
4.5.9.1.	Catering	70
4.5.9.2.	Travelmanagement	72
4.5.9.3.	Transportdienstleistungen / Logistik	74
4.5.10.	Beratungsleistungen	76
4.5.11.	Juristische Leistungen	78
4.5.12.	Banken- und Finanzdienstleistungen	80
4.5.13.	Versicherungsleistungen	81
4.5.14.	Rechnungswesen	82
4.5.15.	Personaldienstleistungen	83
4.5.16.	Beschaffungsdienstleistungen	85
5.	**Beschaffungsprozesse**	**88**
5.1.	Der Prozess der Beschaffung von Dienstleistungen	89
5.2.	Entstehung des Bedarfes	90
5.3.	Definition des Bedarfes	90
5.3.1.	Beschreibung	91
5.3.2.	Lastenheft, Pflichtenheft	92
5.3.3.	Leistungsverzeichnisse	93
5.4.	Ausschreibungsprozess	93
5.5.	Vergabeprozess	94
5.6.	Leistungserbringung und Leistungsort	96
5.7.	Kontrolle, Prüfung und Abnahme	97
5.8.	Abrechnung	99

6.	**Prozessoptimierung**	**100**
6.1.	Benchmarking	101
6.2.	Best Practice	101
6.3.	Vergabe von Probeaufträgen	102
6.4.	Prozessaufwand und Prozesskosten	103
6.5.	Elektronische Prozesse (E-Business)	104
7.	**Dienstleistungsqualität und Controlling**	**105**
7.1.	Messung der Leistungserbringung	105
7.2.	Kriterien zur Bewertung der Leistung	106
7.2.1.	Preisbestandteile	106
7.2.2.	Kalkulationsparameter	107
7.2.3.	Total Cost of Ownership (TCO)	108
7.2.4.	Kennzahlen	108
7.2.5.	Sonstige Bewertungskriterien	109
7.3.	Controllinginstrumente zur Leistungsmessung	110
7.4.	Zusammenarbeit mit Dienstleistern	110
7.4.1.	Kommunikation	111
7.4.2.	Problemlösungsbereitschaft	112
7.5.	Kundenzufriedenheit	112
7.6.	Qualitäts- und Umweltmanagement	113
8.	**Potenziale und Risiken im Dienstleistungseinkauf**	**115**
8.1.	Risikomanagement	116
8.2.	Kosten- und Marktrecherchen, Informationsquellen	118
8.3.	Bündelung, Kooperationen, Netzwerke	119
8.4.	Maverick Buying	120
8.5.	Einkaufsrichtlinien und Organisation	121
8.6.	Professionelles Verhandeln	121
8.7.	Dienstleistungen aus Lieferantensicht	122
8.7.1.	Die Dienstleistung als Kerngeschäft	123
8.7.2.	Ergänzung zum Kerngeschäft (Systemlieferant)	123
8.7.3.	After-Sales-Gewinn	125
8.7.4.	Dienstleistungsmarketing	125
8.8.	Neue Dienstleistungen	126

9.	**Vertragsarten und Versicherungen**		**128**
9.1.	Dienstleistungsverträge		129
9.2.	Rahmenverträge und Kontrakte		131
9.3.	Vertragschancen und Risiken		132
9.4.	Versicherungen		134
10.	**Outsourcing**		**136**
10.1.	Ziel und Zweck des Outsourcings		136
10.2.	Make or Buy (MoB) Entscheidung		137
10.3.	Der Beitrag von Lieferanten zur Wertschöpfung		138
10.4.	Die Lieferanten als Innovationsträger		139
10.5.	Lieferantenintegration und Schnittstellenmanagement		141
10.6.	Lieferantenmanagement		142
11.	**Zusammenfassung und Ausblick**		**144**

Anhang	**146**
Checklisten	**147**
Literaturverzeichnis	**151**
Stichwortverzeichnis	**157**

Verzeichnis der Abbildungen

Abbildung 1:	Marktorientiertes Phasenschema einer Dienstleistung	29
Abbildung 2:	Chancen und Risiken des Global sourcing	35
Abbildung 3:	Ausmaß der externalisierten Dienstleistungen	42
Abbildung 4:	Materialgruppenmanagement als Klammer zwischen zentralem und dezentralem Einkauf	46
Abbildung 5:	Kostenverursachung und Kostenbeeinflussung	49
Abbildung 6:	Der Beschaffungsprozess innerhalb der Supply Chain	89
Abbildung 7:	Prozessdarstellung einer Dienstleistung	97

Verzeichnis der Beispiele

Beispiel 1:	Der Einkauf im Produktentstehungsprozess	21
Beispiel 2:	Integration der Beschaffung von Marketing- und Agenturleistungen in den Einkauf	57
Beispiel 3:	Anzahl von IT-Dienstleistern im Unternehmen	59
Beispiel 4:	Modernisierung der Produktionsanlagen überfordert offenbar ein Unternehmen	68
Beispiel 5:	Potenziale bei Personaldienstleistungen	83
Beispiel 6:	Probeauftrag bei der Reinigung von Kühlelementen	102

Verzeichnis der Abkürzungen

ADSL	Asymmetric Digital Subscriber Line
AktG	Aktiengesetz
Art.	Artikel
AÜG	Arbeitnehmerüberlassungsgesetz von 1972
BAG	Bundesarbeitsgericht
BDU	Bundesverband Deutscher Unternehmensberater
BGB	Bürgerliches Gesetzbuch
BIP	Bruttoinlandsprodukt
BME	Bundesverband Materialwirtschaft, Einkauf und Logistik e.V.
BMEcat	Standardisiertes Austauschformat f. Katalogdaten
BMWi	Bundesministerium der Wirtschaft und Technologie
bspw.	beispielsweise
bzw.	beziehungsweise
ca.	circa
CAQ	Computer Aided Quality
CBD	Cost Breakdowns
CI	Corporate Identity
CRM	Customer Relationship Management
D&B	Dunn&Bradly (D-U-N-S Nummer)
DFÜ	Datenfernübertragung
DSL	Digital Subscriber Line (Breitband-Teilnehmeranschluss)
E/D/E	Einkaufsbüro Deutscher Eisenhändler GmbH
EDIFACT	Electronic Data Interchange for Administration, Commerce and Transport
EDV	Elektronische Datenverarbeitung
EG	Europäische Gemeinschaft (vom 01.11.1993 EU)
EGV	Vertrag zur Gründung der Europäischen Union
EIS	Einkaufs-Informations-System
EPS	Encapsulated Postscript-Datei
etc.	et cetera
EU	Europäische Union
EUGH	Europäischer Gerichtshof
EZB	Europäische Zentralbank
f., ff.	folgend, folgende
FM	Facility Management
GATS	General Agreement on Trade in Services
GEFMA	German Facility Management
ggfs.	Gegebenenfalls

GRC	Governance, Risk & Compliance
HGB	Handelsgesetzbuch
HOAI	Honorarordnung für Architekten und Ingenieure
HR	Human Resources
Hrsg.	Herausgeber
i.d.R	in der Regel
IPA	Fraunhofer Institut für Produktionstechnik u. Automatisierung
IPT	Fraunhofer Institut für Produktionstechnologie
ISDN	Integrated Services Digital Network
IT	Informationstechnologie
KfW	Kreditanstalt für Wiederaufbau
KMU	Kleine und Mittlere Unternehmen
KonTraG	Gesetz zur Kontrolle und Transparenz im Unternehmensbereich
KPI	Key Performance Indicators
KVP	Kontinuierlicher Verbesserungsprozess
KWG	Kreditwesengesetz von 1961
M & A	Mergers & Acquisitions
MGM	Materialgruppenmanagement
o.a.	oder andere
OE	Osteuropa
rd.	rund
RFID	Radio-frequency identification
RFQ	Request for quotation
RTF	Rich Text Format
SCM	Suypply Chain Management
SLA	Service Level Agreement
SMI	Supply Chain Management Institute
SMS	Short Message Service
SQI	Service Quality Indicator
SRM	Supplier Relationship Management
SWOT	Strengths, Weaknesses, Opportunities, Threats
TCO/TOCO	Total Cost of Ownership
TIF	Tagged Image File Format
TPM	Total Productive Maintenance
TQM	Total Quality Management
u.a.	unter anderem / und andere
VDA	Verband der Automobilindustrie
VDI	Verein Deutscher Ingenieure
VDMA	Verband Deutscher Maschinen- u. Anlagenbauer
Vgl.	Vergleich(e)

VGR	Volkswirtschaftliche Gesamtrechnung
VHB	Verband der Hochschullehrer der Betriebswirtschaft
VOB	Vergabe- und Vertragsordnung für Bauleistungen
VOF	Verdingungsordnung für freiberufliche Leistungen
VOL	Vergabe- und Vertragsordnung für Leistungen
WTO	World Trade Organization
ZDF	Zahlen, Daten, Fakten

Vorwort

Der Einkauf von Dienstleistungen sollte in den Unternehmen nicht als zweitrangig betrachtet werden. Das machen die zahllosen Beispiele in dem vorliegenden Band 19 der Praxisreihe Einkauf / Materialwirtschaft deutlich. Maßnahmen und Strategien sind wie beim Materialeinkauf auf der Basis einer Potenzialanalyse festzulegen und umzusetzen. Alternative Lösungsansätze können zur Prozessoptimierung und Kosteneinsparung führen. Dabei ist – wie der Autor ausführt – schwerpunktmäßig und in manchen Situationen auch funktions- und unternehmensübergreifend vorzugehen. Kreativität und Initiative der Mitarbeiter sind auch beim Einkauf von Dienstleistungen der Schlüssel zum Erfolg. Die Beziehungen zu den wichtigsten Dienstleistern sind zielorientiert zu managen.

Es sind sowohl die Anbieter von Dienstleistungen als auch die einkaufenden Unternehmen gefordert, sich der steigenden Bedeutung des Dienstleistungsbereiches zu stellen.

Der Verfasser verfügt aufgrund seiner langjährigen beruflichen Tätigkeit als Einkaufsprofi und Interims-Manager über umfassende und fundierte Fachkenntnisse. Das von ihm verfasste Buch ist daher eine Fundgrube geballten Wissens, das gezielt genutzt werden sollte. Das detaillierte Stichwortverzeichnis unterstützt den interessierten Leser bei der Klärung wichtiger Begriffe und entscheidungsrelevanter Aussagen.

Das vorliegende Buch ist kein wissenschaftliches Werk und erhebt keinen Anspruch auf Vollständigkeit in der Darstellung. Auch bei größter Sorgfalt sind Lücken und Fehler nicht auszuschließen. Herausgeber und Autor sind für Hinweise und Anregungen dankbar.

Der Herausgeber

Horst Hartmann

Bad Wörishofen, im Frühjahr 2012

1. Wirtschaftliche, gesellschaftliche, technologische, ökologische und politische Rahmenbedingungen

Märkte sind nicht starr, sie verändern sich ständig. Seit den neunziger Jahren findet eine steigende Dynamik, zunehmende Komplexität und fortschreitende Globalisierung der Wirtschaft statt. Globales Handeln wie das Global Sourcing gehört mittlerweile nicht nur zum Alltag von Groß-Konzernen, sondern befindet sich auch verstärkt im Blickfeld von KMU´s. Der globale Wettbewerb aller Marktakteure schreitet voran und nimmt an Schärfe zu.

Daneben entwickeln sich rasend schnell neue Kommunikations- und Informationstechnologien, oft auf das Internet basierend, die bereits eine tiefgreifende Veränderung der Unternehmens- und Arbeitswelt mit sich gebracht haben. Diese Entwicklung wird sich rapide fortsetzen und weiter erheblichen Einfluss auf die gesellschaftliche, wirtschaftliche und finanzwirtschaftliche Entwicklung aller Nationen nehmen.

Doch nicht nur die fortschreitende Technologisierung und technische Weiterentwicklung sondern auch Faktoren, wie eine weiter sinkende Lebensdauer von Produkten bei kürzeren Entwicklungszyklen, eine Verknappung und Verteuerung von Ressourcen wie den Rohstoffen, steigende Energiekosten und Umweltbelastungen beeinflussen die Entscheidungen und Entwicklungen in Wirtschaft und Politik.

Welche Problematik mit der zunehmenden Volatilität der Märkte, den immer kürzeren Marktzyklen und der weltweiten Vernetzung von Wirtschafts- und Finanzpolitik einhergehen kann, hat sich in einer der letzten großen Krisensituationen der Weltwirtschaft gezeigt. Nachdem in den USA die Immobilienwirtschaft in die Krise geraten war, folgte eine Krise der Finanz- und Kreditwirtschaft, die schließlich auch die Realwirtschaft erreichte und auf alle Kontinente überschwappte.

Den beginnenden Abschwung Ende 2008 bekam die Automobilwirtschaft als eine der Ersten zu spüren. Erhebliche Absatzeinbrüche, die teilweise die 40 %-Marke überschritten, waren keine Seltenheit mehr, und es folgten Anfang 2009 weitere Industriezweige diesem negativen Trend. Der Maschinenbau partizipierte noch von den Auftragsüberhängen aus 2008, bevor er sich in die Reihen der Krisenbranchen einreihte.

Die Gießereibranche verlor Anfang 2009 Umsätze von 70 % - 90 %. Sonderprogramme der Regierungen zur Konjunkturbelebung und Arbeitsmarktsicherung wurden aufgelegt. Die Rezession hatte die bisher verwöhnten Wirtschaftsnationen und die Exportweltmeister erreicht.

Mit der Erholung der weltweiten Wirtschaft Anfang 2010 und teils kräftigen Wachstumsraten bis in das Jahr 2011 hinein wuchs der Glaube, dass sich die Konjunktur auf einem dauerhaften Hoch festigen würde. Doch zeigte sich im dritten und vierten Quartal 2011 eine deutliche Abschwächung der Wirtschaftsleistung. Dies ging mit einer hohen Unsicherheit der Währungsentwicklung einher. Der Beschluss über den Euro-Rettungsschirm und die Diskussion über mögliche weitere notwendige Maßnahmen ließen die Märkte weiterhin in Verunsicherung verharren. Daneben ist der Trend der steigenden Inflationsrate, die nunmehr im Euroraum fast die Marke von 3 % erreicht hat (2 % werden von der EZB als Preisstabilität angestrebt), mit seinen weiteren Folgen für die Finanz- und Wirtschaftsentwicklung noch nicht absehbar.

Nicht außer Acht gelassen werden soll auch der demografische Wandel, der, über alle Branchen hinweg, unsere Arbeitswelt in den nächsten Jahrzehnten nachhaltig verändern wird. Für die Erbringung der Wirtschaftsleistung stehen immer weniger Menschen zur Verfügung, die auch noch im Durchschnitt immer älter sind. Laut Bevölkerungsprognose schrumpft Deutschlands Bevölkerung von 81,9 Mio. (2010) auf 70,7 Mio. in (2050) und das Durchschnittsalter steigt von 43,7 auf 51,4 Jahren im gleichen Zeitraum. Fachkräfte werden knapp, die Qualifizierung von Mitarbeitern und die Weitergabe von Wissen gewinnen an Bedeutung. Die Jagd nach Fachkräften und Top-Einkäufern hat bereits begonnen. Gesundheitsfördernde und -erhaltende Maßnahmen für Mitarbeiter sind nicht nur Sache des Einzelnen, sondern auch im Interesse von langfristigen Unternehmenszielen, um das Überleben des Unternehmens im Wettbewerb sicherzustellen.[1]

---

[1] Politik und Wirtschaftsunternehmen beschäftigen sich mittlerweile verstärkt mit dieser Thematik. Ein positives Beispiel ist die SPITTLER Lichttechnik GmbH, ein mittelständisches Unternehmen mit innovativen Produkten im Bereich der technischen Beleuchtung. Diese beherrscht die Balance zwischen Nachwuchskräften und erfahrenen älteren Mitarbeitern erfolgreich und hat sich so proaktiv auf den Wandel eingestellt.

Die am Markt agierenden Unternehmen müssen sich den neuen Herausforderungen des Marktes stellen und neben der Risikobetrachtung ihre Chancen, insbesondere auf neuen Geschäftsfeldern, wie dem Dienstleistungssektor, besser nutzen.

Sie sind gefordert, ihre Unternehmensstrategie darauf einzustellen und aktiver als bisher am Markt zu agieren. Es gilt, das vorhandene Potenzial für gesundes Wachstum, mehr Wettbewerbsfähigkeit und zur nachhaltigen Unternehmensentwicklung, gerade auch in schwierigen Zeiten, zu heben und zu sichern. Ausreichende Flexibilität, Geschwindigkeit, Anpassungsfähigkeit und die Beherrschung zunehmender Komplexitäten[2] sind dabei als Erfolgsfaktoren überlebensnotwendig.

Und dieses unter Beachtung der zunehmenden Bedeutung von ökologischen und sozialverträglichen Gesichtspunkten.

---

[2] Insbesondere die Komplexität in globalen Unternehmen ist erheblich gestiegen und kaum noch zu beherrschen. Der St. Gallener Management-Vordenker Fredmund Malik hat die sarkastische Forderung aufgestellt „Die heutige Wirtschaft braucht statt eines Masters of Business Administration den „Master of Complexity Management."

2. Der Einkauf wandelt sich

Wenn ich auf die letzten zwei Jahrzehnte meiner einkäuferischen Tätigkeit zurückblicke, kann ich mich nur folgendem Zitat anschließen: „Ich kann freilich nicht sagen, ob es besser wird, wenn es anders wird. Aber soviel kann ich sagen: es muss anders werden, wenn es besser werden soll."[3]

Betrachtet man nun den Bereich Einkauf innerhalb der Unternehmensorganisation, wird man feststellen, dass sich in vielen Unternehmen bereits ein Wandel vollzogen hat. Der Einkauf wird nicht mehr als lediglich ausführendes Bestellbüro betrachtet, sondern ist in den gesamten Prozess der Wertschöpfung aktiv und frühzeitig eingebunden. Die Arbeit bzw. der Beitrag zur Wertschöpfung des Einkaufs hat erheblich an Aufmerksamkeit gewonnen. Nicht zuletzt auch im Zuge der Finanz- und Liquiditätskrise. Wenn auch in vielen kleinen und mittelständischen Unternehmen noch nicht alle Möglichkeiten ausgeschöpft sind. Im Focus steht dort oft noch das operative Abwickeln der Bestellvorgänge um „die Produktion am Laufen zu halten". Als Ursachen werden unzureichende Kapazität, Zeitdruck oder eine unzulängliche Organisationsstruktur genannt. Das soll aber nicht heißen, dass es in der Konzernlandschaft kein OptimierungsPotenzial in Richtung „Best Practice" und „World Class Excellence" mehr gibt. Bei genauerer Betrachtungsweise sind auch in „Großunternehmen" noch genügend Ansatzpunkte zur Optimierung zu finden. Um einige Beispiele für einen unzureichenden Status zu nennen:

- Der Einkauf erfährt zu spät oder gar durch Zufall, dass Bedarfe ausgeschrieben werden sollen oder bereits Angebote zur Vergabe beim Anforderer (Bedarfsträger) vorliegen. Bestellung eilt (sofort!)
- Wesentliche Beschaffungsfelder werden durch die Fachabteilungen oder Geschäftsführung wahrgenommen
- Vergaben erfolgen am Einkauf vorbei (Maverick Buying)
- Leistungsbeschreibungen und Lastenhefte werden nicht oder nicht in ausreichender Qualität eingesetzt

---

[3] Georg Christoph Lichtenberg (1742-1799).

- Der Einkauf ist bei Entwicklungsgesprächen nicht grundsätzlich Teammitglied
- Volumenbündelung und Materialgruppenmanagement sind nicht oder nicht durchgängig implementiert
- Weltweite Lieferantenrecherche und Global Sourcing werden nicht konsequent genutzt
- Ein ganzheitliches C-Teile-Management fehlt
- Lieferanten- und Risikomanagement sind noch nicht eingeführt

Es ist erst wenige Jahrzehnte her, seit der Wandel vom operativ geprägten zum strategisch orientierten Einkauf eingesetzt hat. Neben den damit einhergehenden Veränderungsprozessen in den am Markt agierenden Unternehmen bildet die Forschungslandschaft zur Beschaffungslehre innerhalb der Betriebswirtschaftslehre dafür eine unterstützende und zukunftsweisende Basis.

Obwohl die Bedeutung des Beschaffungsbereiches seit langer Zeit bekannt ist, nicht umsonst sagt die alte Kaufmannsregel „im Einkauf liegt der Gewinn", stand der Bereich lange Zeit nicht unbedingt im Focus von Wirtschaft und Lehre. Erst mit Veränderungen, wie der Konzentration auf das Kerngeschäft, Lean Produktion, Zunahme der Fremdfertigung und des damit einhergehenden Outsourcing, kam der Beschaffungsbereich stärker in den Focus von Unternehmenslenkern, Facharbeitskreisen und Wissenschaftlern.

Ulli Arnold war einer der ersten, die sich mit der Notwendigkeit eines strategischen Integrationsansatzes (1982), beschäftigt haben. Dieser Ansatz mündete im Lehrbuch „Beschaffungsmanagement" in einer Verknüpfung seiner strategischen Beschaffungskonzeption mit operativen Einkaufselementen.[4] Daneben hat Rudolf Large sich intensiv mit dem Gegenstand des strategischen Beschaffungsmanagements auseinandergesetzt und dazu u. a. die Elemente und Merkmale (Langfristigkeit, Potenziale, Erfolg, Wettbewerbsvorteile, politische Entscheidungsebene und hohe Unsicherheit) herausgearbeitet.[5]

---

[4] Siehe hierzu M. Eßig, Perspektiven des Supply Management (Festschrift für Ulli Arnold), Berlin-Heidelberg 2005 S. 4 ff.
[5] Siehe hierzu R. Large, Strategisches Beschaffungsmanagement, Wiesbaden 1999, S. 25 ff.

Bedingt durch die Weiterentwicklung und eine Veränderung der organisatorischen und personellen Rahmenbedingungen hat mittlerweile in vielen Unternehmen eine Trennung in einen operativen und strategischen Einkauf stattgefunden. Dabei ist auf eine Gleichwertigkeit der beiden Einkaufsbereiche zu achten. Das „Einkaufskerngeschäft" wird eben immer noch durch die „Supply Operations" abgedeckt.

Durch ein „intelligentes" Zusammenspiel beider Bereiche und einer zukunftsorientierten Führung (Strategiemanagement) gewinnt der Einkauf innerhalb der Unternehmen weiter an Bedeutung und etabliert sich, neben den Bereichen Produktion und Vertrieb, als gleichwertiger Partner innerhalb der Unternehmensorganisation.

Dies bedingt jedoch auch eine entsprechende Ausbildung und ständige Weiterentwicklung der Einkaufsmitarbeiter. Sie müssen über die Fähigkeit verfügen, cross-funktionale Teams zu führen, Schlüssellieferanten im Rahmen strategischer Beziehungen zu managen oder im Projekt- und Change-Management eine Leader-Rolle zu übernehmen. Dies gepaart mit Kreativität, Diplomatie und der Geschicklichkeit eines Kommunikationsprofis und Moderators für interne und externe Kunden.

2.1. Der Wertbeitrag des Einkaufs zum Unternehmenserfolg

Bei einem Fremdbezugsanteil in der Industrie, der heute i.d.R. oft über 50 % des Umsatzes liegt und weiter zunehmen wird, bietet der Einkauf einen erheblichen Stellhebel, um den Unternehmenserfolg zu steigern.

Dabei sind Kostensenkungsmaßnahmen nur ein Teilbereich, wenn auch ein wichtiger, der professionellen Einkaufsorganisation. Sie bewirken unmittelbar eine Senkung der Herstellkosten und beeinflussen somit die Wettbewerbsfähigkeit eines Unternehmens.

Unter der Prämisse von einem 45 %igem Materialkostenanteil entspricht eine 2 %ige Materialkostensenkung durch den Einkauf als Beispiel einer vergleichbaren Umsatzsteigerung von 31 % durch den Vertrieb. Die Machbarkeit einer derartigen Umsatzsteigerung ist in Frage zu stellen.[6]

---

[6] Vgl. Wieselhuber & Partner, Beschaffungsmanagement, S. 26.

Neben reinen Kostensenkungsmaßnahmen im Rahmen der Preis- und Kostenverantwortung hinaus tragen jedoch weit mehr mittel- oder unmittelbare Verantwortungsbereiche des Einkaufs zum Unternehmenserfolg bei. Dies sind beispielsweise:

- Die Höhe der Bestell- und Lagerkosten
- Steigerung der Kapitalumschlagshäufigkeit durch Verringerung der Bestände (geringere Kapitalbindung)
- Die Einbindung in die Liquiditätssteuerung
- Die Qualität der zugekauften Produkte und Leistungen
- Know-how-(Innovations)Integration der Lieferanten
- Die Beschaffungskapazität der Lieferanten
- Die Zuverlässigkeit der Liefertermine und Lieferbereitschaft
- Verkürzung der Time-to-market
- Die richtige Mischung von Local und Global Sourcing
- Das Lieferanten- und Risikomanagement
- Das Ableiten und Entwickeln der Einkaufsstrategie aus der Unternehmensstrategie

Je früher und besser der Einkauf in den Produktentstehungsprozess und in die Entscheidungsprozesse aller Unternehmensbereiche einbezogen wird, umso effektiver und effizienter ist sein Beitrag zum Unternehmenserfolg. Dieser ist vom Einkauf nachvollziehbar und messbar zu dokumentieren sowie angemessen, nicht nur gegenüber der Geschäftsleitung, sondern in alle Unternehmensbereiche hinein, zu reporten.

Das nachfolgende Beispiel ist ein deutliches Indiz für die vorgenannte Aussage.

Beispiel 1: Frühe organisatorische Einbindung des Einkaufs eines Automobilherstellers in den Produktenstehungsprozess

In einem der marktführenden Unternehmen der Automobilindustrie werden die Umfänge einer Produktlinie (Kernbaureihe) vom Facheinkauf und einem Projekteinkauf auf Grundlage einer produktlinienübergreifenden Strategie beschafft. Die Einkaufsorganisation entspricht der technischen Produktorganisation und ist sehr früh in den **Produktentstehungsprozess** eingebunden. Der Einkauf kann somit erfolgreich Beschaffungspotenziale in die Baureihe mit einbringen.

2.2. Welche Bedeutung hat der Einkauf in der Zukunft?

Glaubt man den Prognosen führender Management-Beratungen, wird sich der Einkauf aus der „Ecke des Mauerblümchen-Daseins" über das Jahr 2012 hinaus weiter profilieren und an Bedeutung gewinnen.

Getrieben wird der Prozess durch vielfältige Faktoren. Zum einen ist der Einkauf von Jahr zu Jahr selbstbewusster geworden. Er weiß nicht nur um seine zunehmende Bedeutung in der Unternehmensorganisation, sondern er trägt dieses Wissen auch durch ein aktives Einkaufsmarketing nach Außen und in das Unternehmen hinein. Dies hat zur Folge, dass er als Werttreiber stärker wahrgenommen wird und als Beschaffungsmanager, vernetzt mit allen Organisationsbereichen, im Unternehmen agiert.

Zum anderen nimmt der Kostenblock der zugekauften Materialien und Leistungen weiter zu. Damit steuert der Einkauf den, neben den Personalkosten, größten Kostenblock im Unternehmen und beeinflusst somit erheblich die Unternehmensliquidität.

Gerade in Krisensituationen ist der Einkauf zunehmend auch als Krisenmanager gefordert. Neben einer proaktiven Kommunikation nach innen und außen, insbesondere hinsichtlich einer partnerschaftlichen Lieferantenbeziehung, die Vertrauen aufbaut und festigt, wirkt er zukünftig verstärkt als Liquiditätsmanager.

Dabei steht ihm die gesamte Palette an Maßnahmen wie Lagerbestandsreduzierungen, das Einrichten von Konsignationslägern, nachverhandeln von Preisen und Zahlungszielen, Verkauf von Lagerhütern bis zur Umstellung vom Kauf auf Miete/Leasing von neuen Betriebsmitteln, zur Verfügung.

Ein weiterer Trend ist die zunehmende Internationalisierung bzw. Globalisierung und die Zunahme von Outsourcing-Projekten. Dies erfordert eine weitere Professionalisierung der Einkaufsorganisationen und Aufgabenerweiterung. Neben der Kenntnis von Beschaffungsmärkten sind das Wissen über Mentalitäten, politischen Trends, wirtschaftlichen und technologischen Entwicklungen (Potenzialen) für ein erfolgreiches Einkaufsbusiness erforderlich.

Als Fazit kann also bei zunehmender Komplexität und Volatilität der Beschaffungsmärkte sowie einer Verknappung von Gütern, wie den Seltenen Erden, auf eine steigende Bedeutung des Einkaufs geschlossen werden.

3. Dienstleistungen

Im Rahmen der Praxisreihe Einkauf Materialwirtschaft beschäftigt sich der vorliegende Band mit dem weit gefächerten Bereich der Beschaffung von Dienstleistungen im überwiegend industrienahen Bereich sowie den allgemeinen Dienstleistungen.

3.1. Entstehung und Verbreitung der Dienstleistungen

Die Entstehung und Verbreitung der Dienstleistungen reicht weit zurück. Während im Altertum die lateinische Deutung „servire" eher vom Ansatz des Sklaventums, also einer recht einseitigen „Beziehung" ausging, entwickelte sie sich später im Sinne eines „herrschaftlichen Dienstes" gegen Sold. Der Begriff „Dienstbote" entstand im 19. Jahrhundert und spiegelte die Verhältnisse in der damaligen Gesellschaft wieder. Dienstboten verrichteten überwiegend Arbeit (Dienste) in privaten Haushalten gegen Kost und Logis und einem geringen Entgelt. Nicht verwunderlich ist daher als Folge, dass der „Dienst am Kunden" lange Zeit nicht die gleiche Wertigkeit wie die Tätigkeit als Arbeiter oder Angestellter genoss. „Dienste leisten" war lange Zeit von den Beschäftigten nicht gern gesehen, es war eben in der Gesellschaft verpönt.

Mit wachsender Industrialisierung und Globalisierung stieg auch der Anteil der weltweit benötigten und angebotenen Dienstleistungen. Dies wurde noch durch die rasante Entwicklung der Telekommunikationsdienste und der Erfindung und wirtschaftlichen Nutzung des Internets Ende des 20., Anfang des 21. Jahrhunderts beschleunigt. Im Zeitalter der zunehmenden Bedeutung des Wissens als weiterer Produktionsfaktor, wächst auch die Bedeutung der Dienstleistungen um diesen Bereich herum. Beratungsunternehmen, Kanzleien, Sprachanbieter etc. agieren weltweit und bieten ihre Dienste kundenspezifisch an.

3.2. Volkswirtschaftliche Bedeutung von Dienstleistungen

Die Bedeutung der Dienstleistungen als Wirtschaftsfaktor zeichnete sich erst im Laufe des 20. Jahrhunderts ab. So waren in den Vereinigten Staaten, dem Land von Ford und des Taylorismus, im Jahre 1900 weniger als ein Fünftel der Beschäftigten im Handel und den

Dienstleistungen tätig. Der heutige Anteil beträgt bereits über dreiviertel der Gesamtbeschäftigten. In Europa lag Deutschland lange hinter anderen Ländern wie den skandinavischen und angelsächsischen zurück, hat jedoch in den letzten zwei Jahrzehnten kräftig aufgeholt. Waren 1970 rd. 42 % und 1990 rd. 57 % im tertiären Sektor beschäftigt, so arbeiten heute rund zwei Drittel aller Beschäftigten im Dienstleistungssektor.

Mit über 70 % von der Gesamtleistung tragen Dienstleistungen in Deutschland zur Wertschöpfung und Beschäftigung bei. Da auch im Vergleich zu 2010 in 2011 in den Dienstleistungsbereichen eine Steigerung des Umsatzes zu verzeichnen war, ist mit einem weiteren positiven Verlauf in diesem Wirtschaftszweig zu rechnen. Im Bruttoinlandsprodukt (BIP) wird der Wert der in einem Jahr hergestellten Waren und **Dienstleistungen** gemessen, die nicht als Vorleistungen für die Produktion anderer Waren und Dienstleistungen verwendet werden. Er gilt als zentraler Indikator für den wirtschaftlichen Wohlstand eines Landes.

Dass Deutschland neben einer Weiterentwicklung der Industrien und der Technologien, auch den Weg in die Dienstleistungsgesellschaft konsequent weiterverfolgen muss, ist unbestritten. Es gilt, den Servicegedanken sowohl in den Dienstleistungsunternehmen als auch in den produzierenden Unternehmen weiter zu entwickeln. Auch dies ist eine Möglichkeit, den sinkenden Margen im produzierenden Kerngeschäft mit höheren Margen im Dienstleistungsbereich entgegenzuwirken.

3.3. Der Begriff der Dienstleistung

Den Begriff Dienstleistung schlüssig und umfänglich zu definieren bereitet auch heute noch einige Probleme, da dieser in der betriebswirtschaftlichen Literatur (Forschung und Lehre) erst relativ jung als Betrachtungsobjekt Eingang gefunden hat.[7]

---

[7] In dem Beitrag „Dienstleistungen - Die Vermessung der Service-Welt" vom 10.06.2009 im Handelsblatt von Anja Müller, äußert sich Alfred Wagenhofer (Vorsitzender VHB) darüber, dass sich Forschung und Lehre lange Zeit auf die klassische Industrie-BWL konzentriert haben. Die Dienstleistungen seien bislang das Stiefkind der BWL. Dieser Zustand solle geändert werden. Christian Homburg mahnt im gleichen Artikel, dass vor allem Dienstleistungen im Verhältnis zwischen Unternehmen (B2B) noch untersucht werden müssen.

Mit den Möglichkeiten, wie die Dienstleistung von den anderen Wirtschaftssektoren abgrenzbar und definierbar ist, haben sich bspw. Maleri 1973, Langeard 1981, Engelhardt/Schwab 1982, Meyer 1983, Corsten 1985, Gerhard 1987, Hilke 1989, Zapf 1990 und Meffert/Bruhn 1995 gemäß Quellenhinweise (s. Fußnote 8) intensiv befasst. Dabei sind verschiedene Definitionen als Ergebnis zustande gekommen. Nachfolgend werden exemplarisch einige Definitionsansätze genannt:[8]

- Bei der **Negativdefinition** geht der Ansatz davon aus, dass Dienstleistungen alle jene Produktionen/Güter sind, die weder agrarisch noch industriell hergestellt wurden, also keine „Sachgüter" sind. Problematisch ist hierbei eine Abgrenzung von verbundenen, sogenannten sekundären, Dienstleistungen.

- Bei der **enumerativen Definition** liegt die Problematik an der beispielhaften Aufzählung der Dienstleistungs-Wirtschaftsbereiche, die naturgemäß nie vollständig sein kann. Sie setzt auch voraus, dass Einigkeit darüber besteht, was Dienstleistungen im Prinzip darstellen.

Das Statistische Bundesamt unterteilt z. B. in die Bereiche Handel, Verkehr und Nachrichtenübermittlung, Kreditinstitute und Versicherungen, industrieller Service und freie Berufe, Organisationen ohne Erwerbscharakter und private Haushalte sowie Gebietskörperschaften und Sozialversicherungen. In der volkswirtschaftlichen Gesamtrechnung erscheinen die Dienstleistungen in der Dienstleistungsbilanz.

- Am geeignetesten erscheint die Festlegung nach **konstitutiven Merkmalen**, die eine Differenzierung nach den folgenden Abgrenzungen zulässt:

---

[8] Siehe H. Corsten/H. Schneider, Wettbewerbsfaktor Dienstleistung, München 1999, S. 5 ff.; W. Pepels, Qualitätscontrolling bei Dienstleistungen, München 1996, S. 3 ff.; S. Niemand, Target Costing für industrielle Dienstleistungen, München 1996, S. 5 ff.; J. Gross, J. Bordt, M. Musmacher, Business Process Outsourcing, Wiesbaden 2006, S. 14 ff.

3.3.1. Potenzialorientierung

Bei der **Potenzialorientierten Abgrenzung** wird vom Dienstleistungsanbieter dem Dienstleistungsabnehmer die Leistungserbringung als ein Leistungsversprechen angeboten. Die Dienstleistung wird vorgehalten und erst durch die Nachfrage des Abnehmers konkretisiert und mit der Ausführung realisiert.

Eine der Schwierigkeiten besteht darin, die Wertigkeit und Qualität der potenziellen Dienstleistung im Vorfeld richtig einzuschätzen. Hilfen dazu können der erste Eindruck vom Dienstleistungspersonal, deren Qualifikation, die Vollständigkeit und Qualität der eingesetzten Betriebsmittel oder aber auch Referenzen über bereits durchgeführte Leistungen sein.

Erst mit der Dienstleistungserbringung zeigt sich, ob das Versprechen des Anbieters zur Problemlösung beim Kunden belastbar ist. Die Ergebnisse der erbrachten Dienstleistungen zeigen, ob der Vertrauensvorschuss gerechtfertigt war und fließen direkt in den „Ruf" des Dienstleistungsanbieters ein. Dienstleistungspotenziale sind also so zu gestalten und anzubieten, dass sie Kundenwünsche marktgerecht unter Zeit-, Kosten- und Qualitätsgesichtspunkten optimal erfüllen.

3.3.2. Prozessorientierung

Die **prozessuale Abgrenzung** versteht die Dienstleistung als sich vollziehenden Prozess, bei dem der Nachfrager direkt an der Nutzenstiftung durch den Anbieter teilnimmt. Zu der „internen" Bereitstellung der Dienstleistungsfaktoren durch den Anbieter wird der „externe" Faktor Nachfrager, als Person oder ein Sachmittel aus seinem Verfügungsbereich, zur Leistungserbringung benötigt. Es findet somit eine Interaktion während des Dienstleistungsprozesses statt.

Der Dienstleistungsprozess kann in drei Teilprozesse unterteilt werden. Im ersten finden intern alle vorbereitenden Aktivitäten statt, um die Dienstleistung anbieten zu können. Dabei kann es sich um den Kauf von notwendigen Betriebsmitteln, die Erstellung von Schulungsmaterial, die Erstellung von Werbematerialien etc. handeln. Der Kunde hat i. d. R. in dieser Phase keine Einsicht bzw. Einfluss auf die ablaufenden Prozesse.

Im zweiten Teilprozess wird der Kunde involviert. Somit hat er die Möglichkeit, sowohl die Prozesse als auch die Ergebnisse der Leistungserbringung zu bewerten und in ein Preis-Leistungs-Verhältnis zu setzen.

In der dritten Prozessvariante ist der Kunde nicht direkt in den Dienstleistungsprozess involviert. Die Leistung wird an einem Sachmittel des Kunden erbracht. Dass hat zur Folge, dass der Kunde beim Prozess der Leistungserbringung üblicherweise nicht anwesend ist und dadurch dessen Qualität nicht direkt beurteilen kann. Erst das Ergebnis ist für ihn sichtbar und bewertbar. Er kann lediglich aus dem Ergebnis Rückschlüsse auf die Prozessqualität ziehen. Hierin liegt eine gewisse Unsicherheit. Ein gutes Ergebnis kann trotz einer schlechten Vorbereitung und ein schlechtes Ergebnis trotz einer guten Vorbereitung erreicht werden.

3.3.3. Ergebnisorientierung

Letztendlich steht bei der **ergebnisorientierten Abgrenzung** das Ergebnis der Dienstleistung im Vordergrund. Für die Erbringung der Dienstleistung sind oft materielle Güter notwendig, so dass hier die Grenzen zwischen auftragsgebundener Produktion und der reinen Dienstleistungserbringung verschwimmen.

Bei einigen Dienstleistungsarten kann jedoch auch der Weg zum Ergebnis ein Kriterium für die Abgrenzung als Dienstleistung sein. So z. B. die gute Vorbereitung auf eine Prüfung im Schulungsbereich.

Die vorgenannten drei Definitionsansätze sind jeweils für sich allein sicherlich nicht ausreichend, um den Begriff „Dienstleistung" zu erklären. Unter einer kombinatorischen bzw. ganzheitlichen Betrachtung lässt sich aber ein überzeugender Ansatz finden.

„Zusammenfassend wird definiert, dass eine Dienstleistung dann vorliegt, wenn ein Gesamtprozess abläuft, der zur Realisierung von marktgerechten Ergebnissen ein adäquates Leistungs-Potenzial aufbaut, das bei Bedarf in die Verrichtung einer Tätigkeit an einem externen Faktor mündet, der sich im Verfügungsbereich des Kunden befindet und an dem eine vorher definierte Nutzenstiftung realisiert werden soll."[9]

---

[9] Siehe Niemand a.a.O., S. 10.

Nachfolgend werden in Abb. 1 die drei beschriebenen Teilprozesse in einem Gesamtprozessmodell dargestellt:

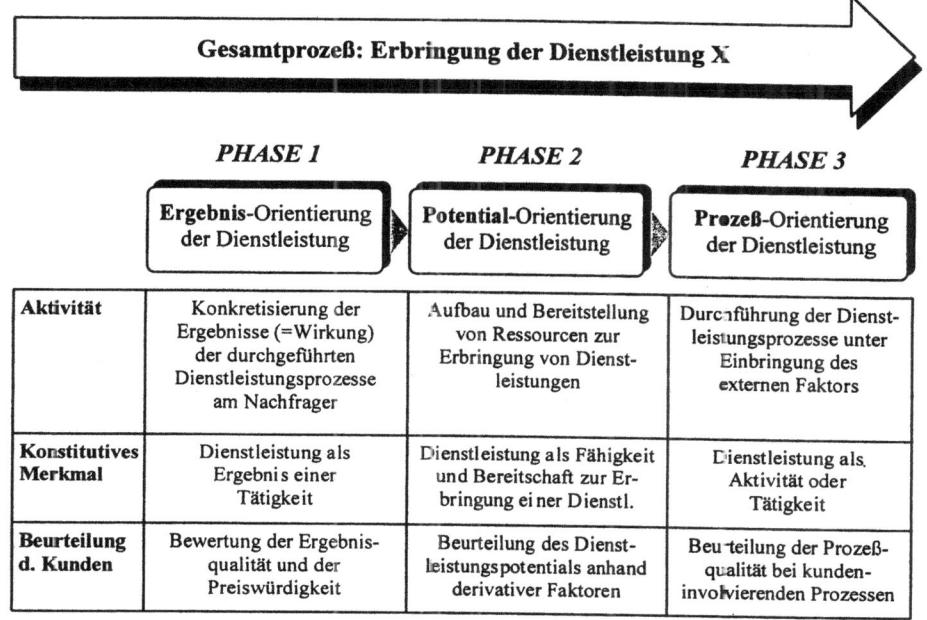

Abb. 1: Marktorientiertes Phasenschema einer Dienstleistung[10]

Wesentliche Merkmale von Dienstleistungen sind also die **Integration des Kunden** bzw. Kundenobjektes während der Dienstleistungserbringung, die **Individualität** der Leistungserbringung und die **Immaterialität** der Dienstleistung.

Die Immaterialität bedingt, dass die Dienstleistung nicht gelagert und bei Bedarf, bereits fertiggestellt, zum Kunden transportiert werden kann, da sie „substanzlos" ist (ausgenommen Informationen, abgespeichert auf materiellen Datenträgern). Erzeugung und Verbrauch der Dienstleistung laufen synchron ab. Auch erhält sie erst während der Erbringung ihre endgültige „Form" und wird so als Ergebnis für den Kunden messbar.

---

[10] Quelle: Niemand, a.a.O., S. 11.

Ein weiteres Merkmal bei der Dienstleistung ist die Personalintensität, welches zur Folge hat, dass bei jeglicher Dienstleistungserstellung ein hoher Anteil menschlicher Arbeit notwendig ist.

3.4. Interne Dienstleistungen

Aus Sicht der unternehmensinternen Funktionen innerhalb der Aufbau- und Ablauforganisation lässt sich der Dienstleistungsbegriff in der vorgenannten Definition auch auf die *internen* Dienstleistungen ableiten.

Dabei haben die internen Dienstleistungen oft einen direkten Bezug auf das Kerngeschäft, der Hauptleistung der Unternehmung. Als Beispiel seien die Produkt-, Produktionsplanung und -steuerung, Entwicklungs- und Konstruktionsleistungen, das Personalwesen, das Rechnungswesen und Controlling, die Instandhaltung oder die Informationstechnologie genannt.

Daneben werden oft als weitere interne Dienstleistungen das Dokumentenmanagement, der Pförtner- und Sicherheitsdienst, der Kantinenbetrieb, das Facility Management, Fuhrparkdienste oder das Travel Management durch eigene Mitarbeiter abgedeckt.

Die Wertschöpfung findet im eigenen Unternehmen durch eigenes Personal statt. Es besteht eine interne Kunden-Lieferanten-Beziehung.

Da auch in diesen Bereichen, insbesondere bei Unternehmen mit mehreren Betriebsstätten oder Konzerntöchtern, ein erhebliches Optimierungspotenzial steckt, ist ein gutes Dienstleistungsmanagement erforderlich. Dies kann den Focus auf gemeinsame Synergien, einer einheitlichen Leistungsbeschreibung und Qualität der Dienstleistungen sowie der Frage der optimalen Eigen- und Fremdleistungstiefe setzten.

3.5. Externe Dienstleistungen

Bei den *externen* Dienstleistungen handelt es sich um Leistungen, die nicht durch eigenes Personal erbracht werden. Sie werden bei externen Anbietern zugekauft. Die Gründe dafür können vielfältiger Art sein. So sind temporär oder dauerhaft nicht genügend eigene Kapazitäten vorhanden, die erforderliche Qualifikation fehlt beim Betriebspersonal, es handelt sich um eine strategische Entscheidung oder gesetzliche Vorgaben bedingen den Einsatz externer Dienstleistungsanbieter.

3.6. Öffentliche Dienstleistungen

Neben privaten Personen und Unternehmen betätigen sich auch „öffentliche Unternehmen" und die öffentliche Verwaltung am wirtschaftlichen Handeln. Sie erbringen mittels administrativen Leistungsprozessen gemeinwohlorientierte Dienstleistungen. Dabei haben sie die Rechtspflicht zur wirtschaftlichen Verwaltungsführung einzuhalten. Teilweise haben sie ein „staatliches Alleinstellungsmerkmal" oder konkurrieren auch mit privaten Anbietern am Markt.

Die öffentliche Hand agiert entweder als erwerbswirtschaftlich geführtes Unternehmen oder als „nichtwirtschaftliches Unternehmen", welches kein Gewinnziel hat. Die angebotene Dienstleistung liegt dann allein in der staatlichen (Bund, Länder, Gemeinden, Kommunen etc.) Hoheit. Dies können Bereiche der Bildung, der Kultur, des Sports oder auch Bereiche, wo Anschluss- und/oder Benutzungszwang herrscht, sein.

3.7. Dienstleistungsnutzer und -anbieter

Das Wissen um das Geschehen auf den globalen, nationalen, regionalen und lokalen Märkten ist eine der Voraussetzungen des wirtschaftlichen Handelns. So ist es für den für die Versorgung mit Roh-, Hilfs- und Betriebsstoffen, Zulieferteilen, Handelswaren, Betriebsmitteln, Energie und Dienstleistungen verantwortlichen Beschaffungsbereich unabdingbar, sowohl die derzeitige Marktsituation zu kennen, als auch den Trend der Marktentwicklung einzuschätzen.

Neben der Entwicklung von Managementkonzepten und Beschaffungsstrategien wie Global Sourcing oder Local Buying, SCM, SRM, TCO oder Purchasing Performance Excellence (PPE) gilt immer noch die alte Regel: Die benötigten Güter und Dienstleistungen in optimaler Menge, in der notwendigen Qualität, zum richtigen Termin und zum minimalen (wirtschaftlichen) Preis zu beschaffen. Dies setzt voraus, dass den nachgefragten Dienstleistungen ein entsprechendes Angebotsprofil zur Verfügung steht.

Die Suche nach den „richtigen" oder Alternativlieferanten für die benötigten Dienstleistungen ist auch von der Branchenentwicklung auf den Dienstleistungsmärkten abhängig. Durch eine aktive Beschaffungsmarktpolitik sollte die Angebotsseite ausgebaut, das heißt, der Wettbewerb aktiv hinsichtlich Art und Menge, Innovation und Qualität erhöht werden. Ziel ist eine ausreichende Angebotssituation am Markt, mit einer hohen Angebotselastizität, zu erreichen.

Genau so wichtig ist für den Einkauf die Kenntnis über seine aktuellen und zukünftigen Mitbewerber als Nachfrager. Deren Situation (A-Kunde oder C-Kunde, Preisstruktur etc.) zur eigenen richtig einzuordnen, wenn man vom gleichen Dienstleister bedient wird, kann überlebenswichtig sein. Die konkurrierenden Nachfrager beeinflussen durch ihr Marktverhalten direkt oder indirekt auch die Angebotssituation und die eigene Marktstellung. Als Beispiel sind Exklusivverträge mit Dienstleistungsanbietern oder direkte Beteiligungen an deren Unternehmen genannt.

3.7.1. Privatpersonen

Neben den Industrieunternehmen und der Öffentlichen Hand nehmen auch Privatpersonen am Marktgeschehen teil. Sie erfüllen alle Beschaffungsaufgaben in „Personalunion" und nutzen dazu überwiegend ihre Erfahrungen und Intuitionen. Ihr Handeln unterliegt im Vergleich zu unternehmerischen Beschaffungsaktivitäten einfacheren Rahmenbedingungen. Sie wissen z. B., wo der nächste Friseur ist und zu welchem Preis welcher Haarschnitt geleistet wird.

Als Nachfrager konkurrieren sie nur in wenigen Geschäftsfeldern mit industriell benötigten Dienstleistungen. Dennoch bilden sie als Gruppe (private Haushaltungen) eine erhebliche Nachfragemacht. Nach Angaben des Statistischen Bundesamtes werden ca. ein Drittel der in Deutschland hergestellten und angebotenen Dienstleistungen von den privaten Haushalten direkt nachgefragt.

Gegenüber den Ausgaben für den privaten Konsum sind die Ausgaben für Dienstleistungen schneller gestiegen. Der demografische Wandel dürfte die private Nachfrage nach haushaltsnahen, personenbezogenen Diensten weiter ansteigen lassen.

Nicht zu verwechseln sind sie mit den „Privaten" Dienstleistern wie Steuer-, Unternehmens- und Personalberater sowie Outsourcer, Stiftungen oder Marktforschungsinstituten.

3.7.2. Betriebliche Nutzung

Bei der betrieblichen Nutzung von Dienstleistungen erfolgt der Einsatz als Produktionsfaktor oder produktionsunterstützender bzw. dienstleistungsunterstützender Faktor im einkaufenden Unternehmen. Dabei kann es sich um Sachleistungs- oder auch Dienstleistungsunternehmen bei den abnehmenden Betrieben handeln.

Nutzer können alle Unternehmensbereiche und Mitarbeiter eines Unternehmens sein. So kommt die Reinigung der Kantine oder die Glasreinigung der Fenster am Bürogebäude sowohl der Gebäudesubstanz, als auch der Qualität der Arbeitsumgebung zu Gute. Die Wartung und Instandhaltung der Betriebs- oder Prüfmittel durch einen externen Dienstleister nimmt Einfluss auf die Zuverlässigkeit und Qualität der Wartungs- und Prüfgegenstände und somit auf die Produktqualität und die Produktkosten.

Da die Erstellung und die Nutzung der Dienstleistung Zug um Zug stattfindet (bedingt durch die Intangibilität), ist sie nicht oder nur schwer auf einen anderen Abnehmer übertragbar. Anbieter und Abnehmer sind im Dienstleistungsprozess eng miteinander verbunden. Das Leistungsergebnis wird sowohl durch den Dienstleistungserbringer als auch durch den Kunden beeinflusst, da es sich um eine Kombination von Faktoren beider Geschäftspartner handelt. So bringt bei der Unternehmensberatung beispielsweise der Kunde Informationen über das Unternehmen ein und der Berater sein Know-how.

Da der Erfolgsdruck von Unternehmen nicht nur Auswirkungen auf das eigene Unternehmen und seine Mitarbeiter hat, wird dieser auch auf den vorgelagerten Beschaffungsprozess, d. h., an den beauftragten Dienstleister, weitergegeben.

3.8. Internationalisierung

Die Globalisierung und Internationalisierung setzt sich weiter fort. Dies gilt nicht nur für die Absatz- sondern auch für die Beschaffungsmärkte. Der Einkauf ist zunehmend auf internationale Beschaffungsquellen angewiesen.

Die Hauptgründe dafür sind die Verfügbarkeit von nachgefragten Beschaffungsobjekten sowie Preisvorteile. So herrschen in den verschiedenen Ländern unterschiedliche Rahmenbedingungen in Bezug auf Rohstoff-, Energie- und Raumkosten. Auch gibt es eine erhebliche Spreizung bei den Lohn- und Sozialkosten.

Am Beispiel der industriellen Arbeitskosten von 2009 lag Deutschland an vierthöchster Stelle mit 36,05 Euro/h je geleisteter Arbeitsstunde nach Norwegen, Belgien und der Schweiz. Im Vergleich dazu lagen China mit 2,25 Euro/h und Estland, als eines der neuen EU-Beitrittsländer, bei 7,30 Euro/h wesentlich niedriger.[11]

Wenn auch im Zeitvergleich von 2000 zu 2009 Deutschland mit einer gegenüber den Vorzeiträumen abgeflachten Arbeitskostendynamik von jährlich 2,2 % im Durchschnitt deutlich niedriger lag als die meisten Vergleichsländer, USA=3,3 %, UK=4,1 %, Estland=11,1 % und Rumänien=21,0 %, so werden die Lohnkostenvorteile der Vergleichsländer noch einige Jahre anhalten, bis sie das deutsche Niveau erreicht haben.

Nicht außer Acht gelassen werden sollten jedoch, neben den Chancen, die die Internationalisierung bietet, auch die Risiken. Insbesondere beim Global Sourcing sind daneben die Arbeitsproduktivität und die Total cost of ownership (TOCO) zu vergleichen. In Deutschland stieg bspw. die Arbeitsproduktivität (um Preissteigerungen bereinigt) laut Statistischem Bundesamt von 1991 = 100 auf 122,5 im Jahr 2006.

---

[11] Vgl. Schröder, Christoph, Industrielle Arbeitskosten im internationalen Vergleich, Köln September 2010, S. 1 ff.

Unter Kostengesichtspunkten haben Erfahrungen gezeigt, dass gegenüber den bisherigen Bezugspreisen bei inländischen Lieferanten bei neuen Lieferanten aus China ein Kostenvorteil von mindestens 30 % - 35 % Brutto (FoB China) gegeben sein sollte. Unter Beachtung des TOCO-Prinzips ergibt sich eine deutlich geringere Nettoreduzierung (ca. 50 % vom Brutto).

Kostentreiber sind in der Regel die Logistikkosten, Qualitätskosten, Geschäftsanbahnungskosten sowie Folgekosten (mögliche Ersatzvornahmen, höhere Lagerbestände etc.).

Nachstehend wird auf einige Chancen und Risiken des Global Sourcing hingewiesen, die bei der Festlegung der Einkaufsstrategie mit berücksichtigt werden müssen:

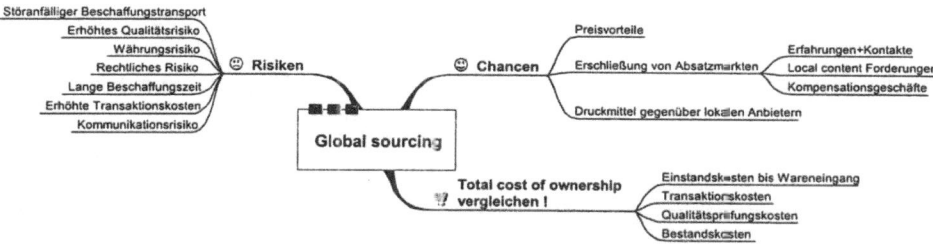

Abb. 2: Chancen und Risiken des Global sourcing[12]

3.8.1. Internationale Dienstleistungswirtschaft

Die Bedeutung der Dienstleistungen nimmt zu. So beträgt der Anteil am Umsatz in der deutschen Elektroindustrie und beim Maschinenbau bereits über 20 %. Dass hier auch noch ein weiteres Potenzial in Richtung internationaler Vermarktung schlummert, zeigt sich darin, dass der Exportanteil der Dienstleistungen z. Z. lediglich ca. 14 % beträgt. Europäische Vergleichsländer wie Dänemark oder Großbritannien führen mit ca. 30 %, der EU-Durchschnitt liegt bei rund 20 %. Studien zeigen, dass Deutschland bei Dienstleistungen (noch) kein „Exportweltmeister" ist. Das produzierende Gewerbe führt bei den Ausfuhren.

---

[12] Quelle: R. Melzer-Ridinger, Materialwirtschaft und Einkauf, S. 85.

Gemäß dem General Agreement on Trade in Services (GATS) existieren vier Arten von Dienstleistungsexporten:

- Die grenzüberschreitende Erbringung von Dienstleistungen, also den Außenhandel im engeren Sinne
- Den Konsum von Dienstleistungen im Ausland (bspw. Tourismus, Hotelübernachtungen)
- Die Erbringung von Dienstleistungen durch unternehmerisches Handeln im Ausland, also durch ein Unternehmen, welches direkt investiert
- Die Erbringung von Dienstleistungen im Ausland durch selbständige oder unselbständige natürliche Personen

Die Gründe, warum sich deutsche Unternehmen zunehmend international engagieren, sind vielfältig. Oft bestehen Kontakte zu Kunden und Lieferanten aus den Aktivitäten im Binnen- bzw. europäischen Markt. Ist der Kunde international ausgerichtet, besteht oft der Wunsch, auch im Ausland mit dem gleichen Partner zusammenzuarbeiten. Die oft kleinen oder mittelständisch geprägten Geschäftspartner werden so getrieben, sich mit dem Aufbau eines Auslandsgeschäftes auseinanderzusetzen.

Daneben spielen kostengetriebene Gründe, Wachstumsgründe oder die Ergänzung des vorhandenen Produktportfolios mit Dienstleistungen eine Rolle. Es geht nicht nur um den Wettbewerb innovativer Produkte, vielmehr auch zunehmend um die Konkurrenz innovativer Dienstleistungen.

Ist erst einmal der Entschluss für den Markteintritt des Dienstleistungsanbieters auf dem ausländischen Markt getroffen worden, gilt es, die Umsetzung sorgfältig zu planen. Der Aufwand für den Markteintritt (Personal, Sachkosten, Organisation und Finanzierung) ist gewissenhaft zu kalkulieren und ausreichend zu budgetieren. Unternehmen müssen zukünftig nicht nur multikulturell denken, sondern auch multikulturell auf internationalen Märkten handeln.

Liberalisierte Märkte bieten die Gewähr, dass Ineffizienz und Überteuerung von Produkten und Dienstleistungen nicht durch staatliche Überregulierung geschützt werden. Hier bedarf es der weiteren Anstrengung der WTO und aller Mitgliedsländer dafür zu sorgen, dass die wirtschaftspolitischen Rahmenbedingungen für eine globalisierte Dienstleistungsgesellschaft geschaffen werden. Unterstützt wird der Prozess auch durch das GATS, welches durch den Abbau von Handelshemmnissen zur Liberalisierung internationaler Dienstleistungen beiträgt.

„Die gegenwärtige Dynamik der Globalisierung wäre ohne Dienstleistungen nicht denkbar. Denn Dienstleistungen sind unstreitig zu entscheidenden Erfolgsfaktoren auf globalisierten Märkten geworden." (Zitat: Klaus Mangold).[13]

Zu einer Studie von 2008 der Hochschule für Technik und Wirtschaft des Saarlandes, FB Betriebswirtschaft, Rudolf O. Large; Tatjana König, mit dem Thema: „Internationale Beschaffung von Dienstleistungen" steht das Ergebnis und die Zeitschriftenveröffentlichung der Ergebnisse noch aus. Ziel der Studie ist es, Handlungsempfehlungen für die Beschaffung grenzüberschreitender Dienstleistungen anzubieten. Die Ergebnisse werden sicherlich interessante Erkenntnisse für den Einkauf bringen.

3.8.2. Europäische Dienstleistungsrichtlinie

In der Europäischen Gemeinschaft (EG) wird u.a. auch die „Gemeinsame Handelspolitik" geregelt. Richtlinien richten sich zunächst nur an (alle) EG-Mitgliedstaaten. Für Unternehmen oder Privatpersonen ergeben sich dann Verpflichtungen daraus, wenn der Rechtsakt im jeweiligen Mitgliedsland ordnungsgemäß (durch den parlamentarischen Gesetzgeber) umgesetzt wurde.

Ziel der Europäischen Wirtschaftsverfassung ist es u.a., dass die Funktionsfähigkeit des (Binnen-)Marktes durch vollständigen und unverfälschten Wettbewerb realisiert und gesichert wird.

---

[13] Siehe K. Mangold, Dienstleistungen im Zeitalter Globaler Märkte, Wiesbaden 2000, S. 23.

Der Artikel 14 Abs. 2 EGV[14] nennt als Hauptelement des Binnenmarktes **vier Grundfreiheiten**:

- Warenfreiheit (Art. 23, 28 ff. EGV),
- Personenverkehrsfreiheit (Art. 39 ff., 43 ff. EGV),
- Dienstleistungsverkehrsfreiheit (Art. 49 ff. EGV) sowie
- Kapitalverkehrsfreiheit (Art. 56 ff. EG-Vertrag).

Zu den Grundfreiheiten gehören die Diskriminierungs- und Beschränkungsverbote. In Art. 39 Abs. 2 EGV wird ausgeführt: „Die Freizügigkeit der Arbeitnehmer... umfasst die Abschaffung jeder auf der Staatszugehörigkeit beruhender unterschiedlicher Behandlung der Arbeitnehmer der Mitgliedstaaten in Bezug auf Beschäftigung, Entlohnung oder sonstiger Arbeitsbedingungen."

Die Dienstleistungsfreiheit[15] beinhaltet das Recht, selbständige Tätigkeiten in einem anderen Mitgliedstaat, auch vorübergehend, auszuüben. Die Freiheit des Dienstleistungsverkehrs erstreckt sich auch auf Gesellschaften / Unternehmen. Dienstleistungen im Sinne des Vertrages (Art. 50 EGV) sind Leistungen, die in der Regel gegen Entgelt erbracht werden, soweit sie nicht den Vorschriften über den freien Waren- und Kapitalverkehr und über die Freizügigkeit der Personen unterliegen. Als Dienstleistungen[16] gelten insbesondere:

- gewerbliche Tätigkeiten,
- kaufmännische Tätigkeiten,
- handwerkliche Tätigkeiten und
- freiberufliche Tätigkeiten.

---

[14] Vertrag zur Gründung der Europäischen Union oder auch „EG-Vertrag". Am 01. Dez. 2009 durch den Vertrag von Lissabon in „Vertrag über die Arbeitsweise der Europäischen Union" umbenannt. Bis 1992 als „Vertrag zur Gründung der Europäischen Wirtschaftsgemeinschaft (EWG)" bekannt.
[15] Siehe auch L. Gramlich, Öffentliches Wirtschaftsrecht, Berlin 2007, S. 40 ff.
[16] Definition der „Dienstleistung" nach EG-Vertrag: „Jede selbständige wirtschaftliche Tätigkeit, bei der eine Leistung einer wirtschaftlichen Gegenleistung gegenüber steht. Ausgenommen sind nicht marktbestimmte Tätigkeiten bzw. Tätigkeiten, die der Staat ohne wirtschaftliche Gegenleistung in Erfüllung seiner sozialen, kulturellen, bildungspolitischen und rechtlichen Verpflichtungen ausübt."

Allen Grundfreiheiten liegt das notwendige Element der Grenzüberschreitung zu Grunde.

Dass es für den Dienstleister nicht erforderlich ist, dafür im Land, in dem es die Leistungen ausführt, den Hauptsitz zu haben, eine Niederlassung oder eine Tochterfirma zu gründen, hatten die Richter des Europäischen Gerichtshofes (EuGH) in einem Beispiel dazu 2010 festgestellt. Ursache dafür war eine Klage, die die Europäische Kommission gegen Deutschland eingereicht hatte.

Dabei ging es um die werkvertragliche Beschäftigung von polnischen Arbeitern durch Unternehmen aus anderen EU-Staaten, die in Deutschland Arbeiten ausgeführt hatten. Eine deutsche Verwaltungsvorschrift, die dies untersagte, wurde mit Hinweis auf die unzulässige Beschränkung des Rechts auf Dienstleistungsfreiheit und des Verstoßes gegen das Diskriminierungsverbotes, verworfen.

Die Europäische Dienstleistungsrichtlinie (2006/123/EG) soll bürokratische Hindernisse abbauen, den grenzüberschreitenden Handel mit Dienstleistungen fördern und trägt somit zur Verwirklichung des einheitlichen Binnenmarktes bei. Sie dient Kunden, Verbrauchern und Dienstleistungsanbietern bei der Wahrnehmung ihrer grenzüberschreitenden Tätigkeiten. Umsetzungstermin für die 27 Mitgliedsstaaten war der 28. Dezember 2009. Sonderbestimmungen und Übergangsregelungen sind im Einzelnen zu beachten.

Unter www.portal21.de, einem gemeinsamen Portal von Germany Trade & Invest und dem Bundesamt für Verbraucherschutz und Lebensmittelsicherheit, können sich Unternehmer, als auch Verbraucher, über die Einzelheiten des Artikels 21 der Dienstleistungsrichtlinie informieren. Weitere Informationen sind auch unter folgenden Adressen erhältlich: www.destatis.de, http://ec.europa.eu/eurostat/ramon/, www.dguv.de, www.dvka.de, www.zoll.de, www.soka-bau.de oder die Bundesagentur für Arbeit.

4. Der Einkauf von Dienstleistungen

Nachdem in den vorhergehenden Ausführungen einige der wesentlichen Rahmenbedingungen angesprochen wurden, unter deren Einfluss sich der Einkauf von Dienstleistungen befindet, beschäftigen sich die folgenden Kapitel mit den Besonderheiten des Dienstleistungseinkaufs und seinen unmittelbaren Beschaffungsobjekten.

4.1. Sach- und Dienstleistungsbetriebe

Betriebe agieren am Markt, um unter wirtschaftlichen Gesichtspunkten Leistungen (Sach- und Dienstleistungen) zu erstellen und diese am Markt an Dritte abzusetzen.

Unternehmen können nach unterschiedlichen Kriterien gegliedert werden. Eines davon ist die Gliederung nach der Art der erstellten Leistung. So handelt es sich bei den **Sachleistungsbetrieben** überwiegend um Industrie- und Handwerksbetriebe, die materielle Güter herstellen oder gewinnen.

Dabei kann es sich um Rohstoffgewinnungsbetriebe, Produktionsmittelbetriebe oder aber um Verbrauchsgüterbetriebe (Konsumgüterbetriebe) handeln. Diese können bei Bedarf weiter untergliedert werden, z. B. nach den Herstellungsverfahren, um eine bessere Vergleichbarkeit innerhalb der Branche zu erreichen.

Bei den **Dienstleistungsbetrieben** handelt es sich um Unternehmen, die *institutionelle* Dienste (immaterielle Güter) wie Wartungs- und Handwerkerarbeiten, Instandsetzungen oder Transportleistungen bereitstellen und diese als **Hauptleistungen** anbieten. Dazu gehören beispielsweise Handels-, Verkehrs- und Versicherungsbetriebe, Lohnfertiger, Sicherheitsdienste, Reinigungsdienste, Beratungsunternehmen, Banken, Betriebe des Hotel- und Gaststättengewerbes, Rechtsanwaltskanzleien, aber auch Krankenhäuser und die öffentliche Verwaltung.

Daneben werden *funktionelle* Dienstleistungen vorwiegend von Sachbetrieben als **Zusatzleistungen** zu ihren Sachgüterproduktionen angeboten. Dazu gehören u. a. Projektierungsleistungen, Inbetriebnahmen, Produktberatung, Schulungen und Reparaturen.

Der Schwerpunkt bei den insgesamt angebotenen Leistungen liegt bei Dienstleistungen für Unternehmen. Um dieser Bedeutung gerecht zu werden, hat das Statistische Bundesamt ab dem Berichtsjahr 2000 die Dienstleistungsstatistiken eingeführt. Somit können detaillierte Darstellungen über Dienstleistungen genutzt und strukturelle Veränderungen erkannt werden. Da jedoch daraus nicht hervorgeht, welche Wirtschaftsbereiche bei welchen Unternehmen welche Leistungen in welchem Umfang einkaufen, wurde die Erhebung „Nachfrage nach Dienstleistungen 2003" erstmalig erstellt und 2005 veröffentlicht.

Aus 11 Dienstleistungsarten wurden 14 konkrete Dienstleistungen ausgewählt um herauszufinden, woher bestimmte Dienstleistungen bezogen werden und wie sich die Einkäufe bestimmter Dienstleistungen in der Zukunft entwickeln werden.[17]

4.2. Die Bedeutung des Dienstleistungseinkaufs

Der Dienstleistungssektor wächst weiter und der Anteil der zugekauften Dienstleistungen nimmt ebenso zu. Schätzungen gehen mittlerweile von einem Anteil von 20 % - 30 % der Dienstleistungen am Gesamteinkaufsvolumen aus. Das Wachstum der Dienstleistungsanbieter resultiert einerseits aus der verstärkten Arbeitsteilung in der Wirtschaft, andererseits aus dem technischen Fortschritt. Unternehmensinterne Dienstleistungsfunktionen wurden ausgegliedert (Outsourcing) und neue Wirtschaftszweige, bspw. im TK-Bereich, der Informationsverarbeitung und im Logistikbereich sind entstanden.

Im Rahmen der Konzentration auf das Kerngeschäft, also der Tätigkeiten, die ein Unternehmen ausgezeichnet beherrscht, müssen für alle anderen Tätigkeiten, von denen man sich trennt, externe Lösungen gefunden werden. Wenn also eine bisher intern erbrachte Leistung strategisch für ein Unternehmen nicht bedeutend aber weiter erforderlich ist, muss sie im Rahmen der Fremdbezugspolitik zugekauft werden.

---

[17] Siehe T. Tümmler, „Dienstleistungsnachfrage durch Unternehmen", Wiesbaden 2005. Die Erhebung bietet sowohl Unternehmen, die Dienstleistungen anbieten, als auch Dienstleistungseinkäufern fundierte Informationen über wesentliche Marktgeschehnisse. So werden Informationen u. a. über die interne Leistungserbringung und den externen Zukauf von Dienstleistungen, die räumliche Nähe der Lieferanten zum Abnehmer und die Barrieren, die den Einkauf aus dem Ausland behindern, dargestellt.

Eine Untersuchung der EU-Kommission vor einigen Jahren zu der Frage, inwieweit Dienstleistungen fremd vergeben oder in eigener Regie durch internes Personal durchgeführt werden, ergab folgendes Bild:

Dienstleistungskategorien	Völlig extern	Gemischt Intern/extern	Betriebs-Intern	Konzern-Intern
Entwicklungstätigkeit	55 %	29 %	14 %	2 %
Beratungstätigkeit	36 %	25 %	36 %	3 %
Werbung	48 %	25 %	25 %	2 %
Öffentlichkeitsarbeit	10 %	31 %	59 %	-
Forschung & Entwicklung	13 %	22 %	58 %	7 %
Rechnungswesen	48 %	18 %	32 %	2 %
Operationelle Dienstleistungen	59 %	17 %	21 %	3 %
Juristische Dienstleistungen	40 %	38 %	21 %	1 %
Durchschnittlich	37 %	29 %	32 %	2 %

Abb. 3: Ausmaß der externalisierten Dienstleistungen[18]

Beeinflusst wird die Vergabe von Dienstleistungen auch durch die Betriebsgröße. So ist der Anteil der internen Leistungserbringung (ca. 45 %) bei Unternehmen mit bis zu 50 Beschäftigten noch sehr hoch und nimmt erst mit wachsender Betriebsgröße ab. Bei speziellen Dienstleistungen, wie der Rechtsberatung durch Juristen, ist der Anteil der zugekauften Leistungen generell hoch, da auch bedingt durch die Globalisierung die Beratungsleistungen immer komplexer werden.

Speziell bei der Beschaffung von Dienstleistungen muss sich der Einkäufer mit folgenden Merkmalen auseinandersetzen:

- Die Dienstleistungen haben einen immateriellen Charakter, d. h., eine Vergleichbarkeit mit alternativen Angeboten ist schwierig.

- Meistens besteht ein direkter, enger Kontakt zwischen dem Anbieter und dem Verbraucher (Anforderer) der Dienstleistung, d. h., hier lauern latente Gefahren der Nichttransparenz der Prozesse und Entscheidungen für einen Anbieter. Der Einkauf muss sich hier intern und extern mit seiner Funktion deutlich positionieren.

---

[18] Quelle: W. Faes, Kreatives Einkaufen von Dienstleistungen und Projekten, S. 23.

Auf das Thema „zwischenmenschliche Beziehungen" wird im Kapitel 8 ff.: „Potenziale und Risiken im Dienstleistungseinkauf" noch näher eingegangen.

- Ist der Verbraucher direkt an der Herstellung der Dienstleistung beteiligt, ist eine transparente und detaillierte Prozessdokumentation zur Abgrenzung der eigenen und fremden Wertschöpfung notwendig.

Aus den beschriebenen Merkmalen wird deutlich, welche Problematik sich beim Einkauf von Dienstleistungen ergeben kann. Studien haben gezeigt, dass der Einkauf in vielen Branchen bei der Beschaffung von Dienstleistungen deutlich weniger eingebunden ist als beim Einkauf von materiellen Produkten. Hier existiert noch ein erhebliches Potenzial, welches es im Sinne einer Gesamtoptimierung der Unternehmensprozesse und der Ertragssituation durch den Einkauf zu heben gilt.

Ziel muss es sein, den Einkauf möglichst früh und vollständig in die Planungsprozesse von Dienstleistungsprojekten einzubinden und bis zum Projektabschluss, auch als Kontrollinstanz, zu nutzen. Dies setzt eine enge und vertrauensvolle Zusammenarbeit mit dem Anforderer der Dienstleistung und eine Akzeptanz des Einkaufs durch diesen voraus.

Die Verantwortlichen im Einkauf- und Beschaffungsbereich müssen sich zukünftig stärker auf die speziellen Merkmale der zu beschaffenden Dienstleistungen einstellen. Notwendig ist eine strategische Beschaffungspolitik, auch für den Einkauf von Dienstleistungen, die der Bedeutung des Dienstleistungseinkaufes gerecht wird. Nur so findet dieser Einkaufsbereich Anschluss an die anderen Einkaufsbereiche. Notwendig sind ausreichend qualifizierte Mitarbeiter, warengruppen-spezifisches Know-how und ausreichend Zeit, um das Thema Dienstleistung professionell anzugehen.

So können Nachteile wie bei den C-Teilen vermieden werden, mit denen sich Unternehmen auch sehr spät, meist erst im Rahmen eines C-Teile-Managements, beschäftigt haben.

Studien, auch vom Einkäuferverband BME, haben ergeben, dass durch die Optimierung in den nicht-strategischen Beschaffungsbereichen, Einsparungen möglich sind, die einer Umsatzsteigerung von 8 % - 14 % (im Einzelfall höher) entsprechen.

4.3. Einbindung in die Einkaufsorganisation

Bei der Beschreibung der Beschaffungsorganisation wird man auch in neuerer Literatur feststellen, dass der Dienstleistungseinkauf oft als organisatorische Einheit innerhalb der Einkaufsorganisation fehlt. So ist beispielsweise der Einkauf in die zentralen Bereiche Einkauf Technik, Einkauf Rohstoffe, Einkauf Packmittel und Einkauf Marketing oder nach Produktionsmaterial, Sonstiges Material und Investitionsgüter unterteilt. Einen Einkaufsbereich Dienstleistungen sucht man vergebens.

Dies mag sicherlich teilweise noch an den gewachsenen Strukturen der Industrialisierung liegen. Deutschlands Wirtschaft hat sich, insbesondere in der zweiten Hälfte des 20. Jahrhunderts, auf Basis seiner industriellen Stärken und technologischen Entwicklungen, hin zu einer der führenden Wirtschaftsnationen entwickelt. Dies hat sich auch in der Organisation von Unternehmen widergespiegelt. Die Produktion und die damit unmittelbar verbundenen Unternehmensbereiche wie Forschung & Entwicklung (F&E) hatten Vorrang. Die dafür zu beschaffenden Objekte waren materiallastig ausgelegt und bestimmten auch die Ausrichtung und Organisation des Einkaufs.

Auch in der Literatur wurde sich diesem Tatbestand lange Zeit ausschließlich gewidmet. So wird bspw. bei der Bedarfsermittlung bzw. Bedarfsplanung von der Planung des **Material**sortiments und laufender **Material**planung gesprochen. Dass auch die Beschaffung und der Einsatz von Dienstleistungen zu planen sind, ist sicherlich unbestritten.

Erst später vertraten Curt **Sandig** und Erwin **Grochla** einen umfassenderen Beschaffungsansatz, der neben den Sachgütern auch Arbeitskräfte, Kapital, Rechte und Informationen als Beschaffungsobjekte betrachtete, wie u. a. bei Volker H. Peemöller nachzulesen ist.[19]

Ein Tipp: Schlagen Sie in Fachbüchern über Materialwirtschaft, Supply Chain Management und Beschaffung/Einkauf im Stichwortverzeichnis

---

[19] Volker H. Peemöller, Der Markt als Einflußfaktor der Unternehmensgröße, S. 39 ff.; Large schlägt eine erste Grobgliederung in fünf Beschaffungsobjekthauptgruppen vor, die oft in Industrieunternehmen anzufinden sind: Produktionsmaterial (Erzeugnisstoffe), Sonstiges Material, Investitionsgüter, Handelswaren und **Dienstleistungen**. In: Large, a.a.O, S. 7.

unter Dienstleistungen, Dienstleistungseinkauf etc. nach. Sie werden i.d.R. auch heute noch wenige oder keine Angaben dazu finden.

In einem zeitgemäß aufgestellten Einkauf sollte der Bereich Dienstleistungseinkauf gleichgestellt neben den anderen Einkaufsbereichen angesiedelt sein. Dabei bietet es sich an, den Einkaufsbereich Dienstleistungen bei Bedarf in „produktionsbezogene Dienstleistungen" und „nicht produktionsbezogene Dienstleistungen" zu untergliedern.

4.4. Materialgruppenmanagement

Aus der Erkenntnis, dass Einzel- und Einmallösungen keinen nachhaltigen Erfolg generieren, bedarf es einer Vielzahl innovativer Einkaufsmethoden, um alle Einsparpotenziale des Marktes zu erreichen und die Prozesskosten dauerhaft zu senken. Ein durchgängiges Materialgruppenmanagement (MGM) zur gezielten und spezifischen Optimierung der aktiven Materialien und Dienstleistungen zählt zu den innovativen Einkaufsmethoden.

Dabei gilt es vor dem Start die wesentlichen Beweggründe, Inhalte und Ziele die mit der Einführung des MGM verbunden sind, herauszuarbeiten. Werner Kalbfuss spricht in diesem Zusammenhang „vom roten Faden über Ziel und Nutzen, Prinzipien, Methoden, Organisation und Implementierung bis hin zum Controlling."[20]

Gerade in großen Unternehmen mit mehreren nationalen und internationalen Standorten wird die Frage nach der Zentralisierung oder der Dezentralisierung als beste Organisationsform aufgeworfen. Dies gilt insbesondere auch für den Einkauf. Stellt man für den Einkauf die Vor- und Nachteile, die mit den beiden Organisationsformen einhergehen, gegenüber, wird man feststellen, dass beide Formen sowohl Vor- als auch Nachteile beinhalten.

Dabei gelten für die Zentralisierung folgende Vorteile: kostengünstige Beschaffung (z. B. Bündelung), bessere Materialvereinheitlichung (Standardisierung), Verbesserung der Personalstruktur, generalistisches

---

[20] Vgl. R. Boutellier, S. Wagner, H. Wehrli, Handbuch Beschaffung, München 2003, S. 836.

Know-how, einheitliche Einkaufspolitik und klare Kompetenzabgrenzung. Als Nachteile werden verlängerte Instanzenwege und Schwerfälligkeit durch fehlenden Dialog vor Ort genannt. Die Nachteile der Zentralisation sind zugleich die Vorteile der Dezentralisation.[21]

Oft werden Mischformen betrieben, um so die Vorteile aus beiden Einkaufsorganisationsformen zu nutzen und möglichst deren Nachteile auszuschließen.

Dies kann auch durch die Implementierung eines MGM unterstützt werden. Der Zentraleinkauf und die dezentralen Einkaufseinheiten arbeiten eng, kooperativ und organisationsübergreifend zusammen. Das Materialgruppenmanagement überlagert dabei die operativen Einheiten und wirkt als Klammerfunktion zwischen operativen/dezentralen und strategischen/zentralen Aufgaben. Zielkonflikte lassen sich so vermindern oder sogar vermeiden. Nachfolgend ist dies in einem Modell der Einkaufsorganisation mit integriertem MGM dargestellt:

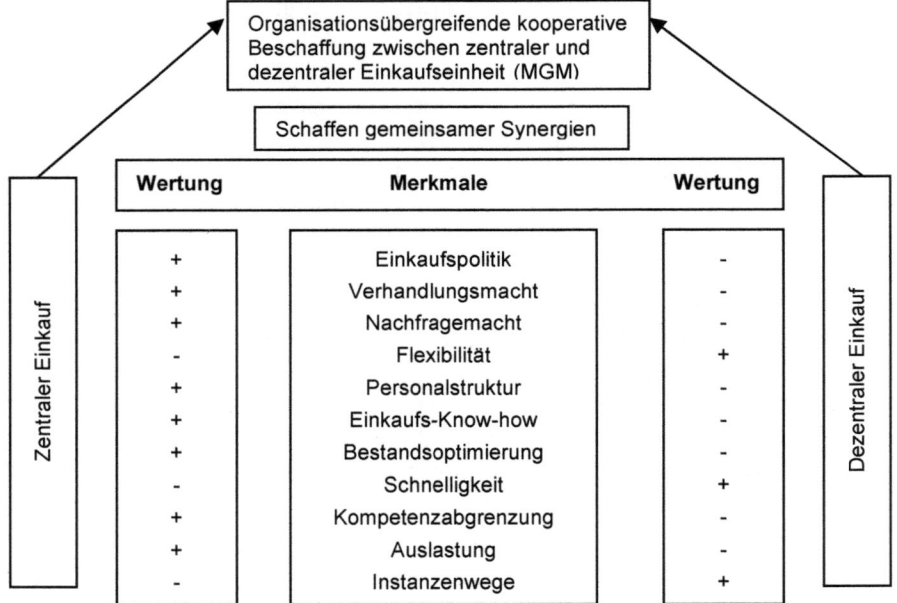

Abb. 4: MGM als Klammer zwischen zentralem und dezentralem Einkauf

---

[21] Vgl. H. Hartmann, Materialwirtschaft, Gernsbach 2002, S. 118 ff.

Welche Voraussetzungen und Besonderheiten müssen bei der Entscheidung zur Einführung eines Materialgruppenmanagements beachtet werden und wie geht man vor?

- Berücksichtigen der Interessen der zentralen und dezentralen Organisationseinheiten, Gemeinsamkeiten in den Vordergrund stellen, Nutzen direkt den jeweiligen Organisationseinheiten zuordnen
- Organisation und Zuständigkeiten definieren und festlegen (Kompetenzen und Verantwortung, Kommunikation und Information)
- Interdisziplinäre MGM-Teams aus Einkauf, Konstruktion, Normung, Qualitätswesen, Produktion, Vertrieb und Logistik (fallbezogen) bilden und ein Teammitglied als Material-/Dienstleistungsgruppenkoordinator wählen. Lead Buyer als „Primus inter Pares" integrieren.
- Synergien durch gemeinsames Know-how herausarbeiten, Bündelung der Beschaffungsobjekte, Abstimmen der Lagerbestände und Optimierung der Logistik
- Istaufnahme der für ein MGM geeigneten Material- und Dienstleistungsgruppen als Basis für eine Potenzialermittlung (MGM-Portfolio bilden)
- Festlegen der Materialgruppierungen (Verschlüsselung, Nummerung)
- IT-Anforderungen (IT-Tools und einheitliche Prozesse) definieren und Unterstützungsmaßnahmen sicherstellen
- Beschaffungsmarktforschung und Lieferantenmanagement im Sinne einer System- und Wertschöpfungspartnerschaft. Ableiten von operativen und strategischen Maßnahmen für das MGM-Team. Qualifizierung potenzieller Neulieferanten, optimales Lieferantenportfolio festlegen
- Controlling und Erfolgsmessung, Kennzahlen definieren, Erfolge und Einsparungen dokumentieren

Sinnvoll ist es, erst einmal mit einer überschaubaren Anzahl von Material-/Dienstleistungsgruppen anzufangen, um Erfahrungen zu sammeln, nicht den Überblick zu verlieren und sich zu verzetteln. Ziel muss es sein, zu einem positiven Abschluss und Ergebnis des ersten Einführungssteps zu kommen, damit ein klares „go" für die weiteren Schritte erteilt wird und das MGM über alle Bereiche ausgerollt wird. Die Zeitdauer dafür beträgt erfahrungsgemäß ein bis drei Jahre.

Im Rahmen einer professionellen und erfolgreichen Implementierung eines Materialgruppenmanagements bietet sich der Einsatz des Projektmanagements als Einführungsmethodik an.

4.5. Das Beschaffungsportfolio der Dienstleistungen

Nicht nur die Bedeutung und der Anteil der Dienstleistungen an der Wirtschaftsleistung und dem Beschaffungsvolumen der Unternehmen haben zugenommen, auch die Bandbreite und das Angebot von Dienstleistungen sind gewachsen.

Im Rahmen des Informationsangebotes des Statistischen Bundesamtes zur Revision der Volkswirtschaftlichen Gesamtrechnung (VGR) 2011 wird das BIP ab 1991 mit Einfluss der Umstellung auf die neuen Wirtschaftszweig- und Güterklassifikationen (Ausgabe (2008 / WZ 2008), dargestellt. Die VGR-Revision ist innerhalb Europas harmonisiert und bietet u. a. einen vollständigen Überblick über alle Wirtschaftszweige einschließlich der Dienstleistungsbereiche.[22]

Nachfolgend wird auf eine Auswahl von Dienstleistungen eingegangen, die primär für den Beschaffungsbereich relevant sind. Eine vollständige Abhandlung **aller** möglichen Dienstleistungsarten würde den Rahmen dieses Bandes sprengen. Auch können nur die spezifischen Merkmale der aufgeführten Dienstleistungsarten, allgemeine Informationen sowie Einkaufstipps vermittelt werden, die einen Anreiz bieten sollen, sich vertiefend mit den einzelnen Beschaffungsleistungen zu beschäftigen.

4.5.1. Forschung & Entwicklungsleistungen (F&E)

Da Deutschland zu den Ländern gehört, die keine ausreichenden Rohstoffquellen besitzen, die als alleinige und auskömmliche Einnahmequelle genutzt werden können, ist das Land auf andere Güter und Dienstleistungen als Einnahmequelle angewiesen.

Um hiermit am Markt als attraktiver Anbieter agieren zu können, müssen immer wieder rechtzeitig neue (innovative) Produkte und Dienstleistun-

---

[22] Quelle: www.destatis.de, Stand: 23.10.2011.

gen entwickelt werden. Dazu bedarf es jedoch einer exzellenten Forschungslandschaft in der Lehre und in den Unternehmen. Es wird zwischen Grundlagenforschung (experimentelle oder theoretische Arbeit) und Anwendungsforschung (man spricht hier auch von angewandter Wissenschaft oder Wissenschaft, die zur Problemlösung in Wissenschaft und Technik angewandt wird, also eine große Nähe zur Praxis hat) unterschieden.

Da die technologische Komplexität der produzierten Güter in der Vergangenheit stark zugenommen hat und auch zukünftig weiter wachsen wird, sind nicht nur in der Prozess- und Produktionstechnologie erhebliche Ressourceneinsätze notwendig. Ebenso wichtig sind ausreichende Investitionen in die Bereiche Forschung & Entwicklung.

Mit der zunehmenden Verlagerung der Wertschöpfung auf Lieferanten, ist auch deren Anteil an Forschungs- und Entwicklungsleistungen gestiegen. So haben sich viele Lieferanten vom reinen Teilelieferer über die Stufe des Produktionspartners hin zum Entwicklungspartner gemausert, die auch das Reverse-Engineering beherrschen. Damit sind auch die Ansprüche an die Kunden-Lieferanten-Beziehung gestiegen. Lieferanten nehmen bereits in einer frühen Produktphase einen erheblichen Einfluss auf das endgültige Produkt bzw. die Dienstleistung. Sie beeinflussen die Qualität, die Materialien, die Produktionsparameter, die Nutzungseigenschaften, den Preis und das Markteintrittsdatum.

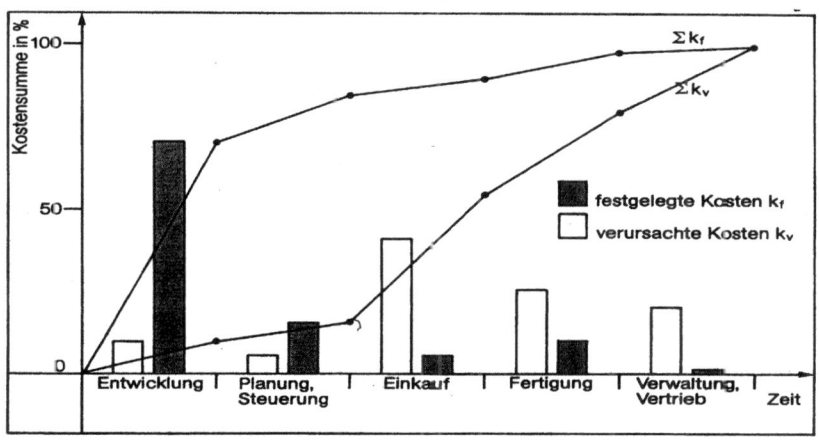

Abb. 5: Grafik REFA, Kostenverursachung und Kostenbeeinflussung

Bei neuen Produkten beeinflusst die Entwicklung ca. 70 % - 95 % der späteren Herstell- bzw. Produktkosten (siehe Abb. 5). Es ist notwendig, die Ergebnisse aus F&E schneller in marktfähige Produkte und Dienstleistungen zu überführen. Dies kann z. B. durch Simultaneous Engineering und das Digital Prototyping erreicht werden.

Die Entscheidung, F&E Leistungen an Dritte zu vergeben, ist eine strategische Grundsatzentscheidung. Sie wird oft dadurch geprägt, dass nicht ausreichende eigene Kapazitäten oder Know-how zur Verfügung stehen. Auch machen die modernen Kommunikations- und Informationstechnologien wie CAD/CAE und E-Mail den Datenaustausch von großen Datenmengen einfach, zeitnah und kostengünstig. Der Fachkräftemangel in Deutschland und der Trend zum Local Content tragen dazu bei, dass F&E verstärkt im Ausland (Offshoring in Indien, OE etc.) stattfindet.

Folgende Themenfelder sollten bei dem F&E Einkauf besonders hinsichtlich der Lieferanten beachtet werden:

- Über welche F&E Alleinstellungsmerkmale verfügt der Lieferant?
- Wer bezieht außer unserem Unternehmen noch Leistungen bei ihm?
- Welche weiteren Beschaffungsquellen existieren für den Notfall bzw. unter dem Focus der strategischen Aufteilung des Vergabeumfanges?
- Ist die Technologie ausgereift und standardisierbar?
- Was passiert mit den Daten und Rechten, wenn der Lieferant ausfällt?
- Existieren belastbare Vertragsgrundlagen (Geheimhaltungsvereinbarungen etc.) und besteht ein entsprechendes Vertrauensverhältnis, d. h. eine faire Partnerschaft?
- In welchem „Abhängigkeitsverhältnis" befinden wir uns?
- Besteht die Gefahr, technologische Weiterentwicklungen der Wettbewerbsanbieter zu „verschlafen", wenn eine ausschließliche Bindung an einen Technologieanbieter existiert?
- Wie früh wird der Einkauf in den Entwicklungsprozess eingebunden? (Wenn erst am Schluss, dann nutzt auch das beste Verhandlungsergebnis wenig, z. B. sind 10 % Nachlass von beeinflussbaren 10 % - 30 %, lediglich 1 % - 3 % von den Gesamtkosten)

Erfahrungen aus der Praxis haben gezeigt, dass Angebote oft ohne Einbindung des Einkaufs von F&E Partnern/Anbietern durch die Fachbereiche eingeholt werden. In Projekten bestimmt daher oft der Vertrieb oder die F&E-Abteilung das Budget und die Vertragsinhalte der Anbieter sind nebensächlich, wenn der Angebotspreis in das Budget passt.

Tipp: Überzeugen Sie Ihre internen Partner (Vertrieb, F&E-Abteilung etc.) von der frühen Einbindung des Einkaufs in den Prozess. Checken Sie die Angebote insbesondere hinsichtlich der Nebenkosten, verbindlicher Termine, Verantwortlichkeiten, des Abrechnungsmodus und auf Indices der Arbeitnehmerüberlassung. Klären Sie, ob die Vergabe nach Zeit und Aufwand erfolgen soll oder zum Festpreis. Machen Sie die Leistung qualifizierbar und quantifizierbar, regeln sie Beistellungen wie Informationen und Technik. Fragen Sie nach dem „End-of-Life" bei Bau- und Ersatzteilen. Behalten Sie das Änderungs- und Nachtragsmanagement im Auge. Prüfen Sie die Vollständigkeit der Dokumentation. Bauen Sie ein Einkaufsportfolio von F&E-Dienstleistern auf. Wirken Sie als *Procurement Engineer*, der lösungsorientiert den Dienstleistungs- und Produktentwicklungsprozess im crossfunktionalen Team mitgestaltet.

4.5.2. Konstruktions- und Ingenieurleistungen

In der Regel schließt sich die Konstruktionsphase der F&E an. Ähnlich wie bei den Forschungs- und Entwicklungsleistungen halten nur die wenigsten Unternehmen in diesen Bereichen ausreichend Kapazitäten vor. Wenn, dann überwiegend in ihren Kernkompetenzbereichen. Der Bedarf nach Konstruktions- und Ingenieurleistungen ist aber, in einer Welt von immer komplexeren Projekten und immer kürzeren Entwicklungszeiten neuer Produkte und Technologien, weit umfassender.

Ob es darum geht, Baugruppen oder komplette Anlagen und Maschinen zu konstruieren, Formen und Werkzeuge einzukaufen, im Bereich Bauleistungen Tragwerksberechnungen vorzunehmen oder die Modernisierung von Klima- und Raumluftanlagen nach fachlich allgemein anerkannten Regeln durchzuführen, müssen diese Leistungen größtenteils zugekauft werden.

Da die Herstellkosten der Produkte und Dienstleistungen bis zu 95 % durch die Konstruktion und Entwicklung bestimmt werden, ist es wichtig, für diesen Bereich hoch qualifizierte Experten im Einkauf einzusetzen. Sie müssen auf gleicher „Augenhöhe" mit ihren Kollegen aus der

Technik und dem Vertrieb agieren können. Der Konstrukteur beeinflusst bspw. die Erzeugnisgestaltung und neben der Materialart den Materialbedarf, er legt mit Hilfe der Zeichnung, der Konstruktionsstückliste und Nummerung den quantitativen und qualitativen Aufbau der Produkte fest.

Hier ist der fachkundige Einkauf gefragt, rechtzeitig Informationen über alternative Materialien, Werkstoffe und Verfahren unter Qualitäts- und Wirtschaftlichkeitsgesichtspunkten vom Beschaffungsmarkt in den Konstruktionsprozess einzubringen. Dies gilt für Eigenentwicklungen und für zugekaufte Entwicklungsleistungen. Besser als *nur* kostengerecht Konstruieren und Engineeren bedeutet, funktionsübergreifend Erkenntnisse aus dem Vertrieb, der Technik und dem Einkauf als „Design-to-cost" zu entwickeln. Es gilt auch, die „Time-to-market"-Phase zu verkürzen.

Die typischen Phasen eines Produktes laufen üblicherweise über die Lasten- und Pflichtenheftphase, den Prototypenbau, die Nullserie bis zur Markteinführung des ausgereiften Produktes. Je weiter die einzelnen Phasen fortgeschritten sind, umso weniger Einflussmöglichkeiten bestehen, in den Prozess einzugreifen und Kostensenkungspotenziale aktiv umzusetzen. Der Entwicklungsprozess ist als Teil der Supply Chain über die gesamte Entwicklungsdauer zu monitoren.

Ob bei dem Einsatz von externen Entwicklungs- bzw. Ingenieurdienstleistern die Gefahr eines Know-how Abflusses besteht, muss im Einzelfall betrachtet werden. Es besteht aber die Möglichkeit, sich dagegen durch Geheimhaltungsverträge und interne Prozessmaßnahmen abzusichern. Oft wird aber gerade mit der externen Beauftragung Spezialwissen, welches bisher nicht im Unternehmen vorhanden ist, eingekauft.

Auf dem Markt gibt es ausreichend Ingenieur- und Entwicklungsdienstleister wie Brunel, Bertrandt, Altran, EDAG, EuroEngineering, IAV, IKS, DIS, Ferchau, Hays oder Yacht Teccon, um nur einige zu nennen.[23]

---

[23] H. Lüerßen beschreibt in „Dienstleistungen Vision 2020" die Bedeutung von Technologieberatung und Engineering-Services über den gesamten Produktlebenszyklus bis hin zum Endkunden. Die Einsatzbereiche für diese Dienstleistungen reichen von der Konstruktion, dem Produktdesign, F&E, Elektrizität, Elektrik bis hin zur Automatik sowie dem System Engineering. Wobei die Bereiche Konstruktion, Produktdesign und F&E in 2007 bei den untersuchten Unternehmen mit rd. 54 % zum Umsatz beitrugen.

Über 40 % aller Ingenieure in Deutschland arbeiten im Dienstleistungssektor und werden oft als Resident Engineer projektbezogen eingesetzt.

Tipp: Bei der Konstruktion beachten, was der interne / externe Kunde tatsächlich will. Kein over-engineering, welches der Kunde nicht bezahlt. Die *richtigen* Dienstleister beauftragen (z. B. ist die Ingenieurkammer die Interessenvertretung der Ingenieure eine erste Anlaufstelle). Konstrukteure und Ingenieure der benötigten Fachrichtung wie Maschinenbau, Elektrotechnik, Bauingenieurswesen, Verfahrenstechnik oder Wirtschaftsingenieure mit guter Expertise auswählen. Ausreichende Kenntnisse von Vertragsgrundlagen wie der HOAI (neu seit 18.08.2009), VOB, VOL und VOF und des BGB aneignen. Typische Vertragsarten sind der Dienst- und Werkvertrag und die Arbeitnehmerüberlassung.

Technisches Fachwissen für den Einkauf kann durch interne und externe Schulungen, Vorträgen auf Messen oder auch aus Fachkatalogen wie z. B. über mechanische Standardkomponenten für Sondermaschinenbau & Automatisierungstechnik u. ä. vermittelt werden.

4.5.3. Lizenzen und Patente

Mit Forschung, Entwicklung und Konstruktion von neuen Erzeugnissen sowie Dienstleistungen ist es unabdingbar, Patentabklärungen parallel dazu vorzunehmen. Dies gilt der Sicherheit, dass keine Patentrechtsverletzungen an bestehenden Patenten begangen werden und gewährleistet die Möglichkeit, selbst Neuanmeldungen, die sich aus den oben genannten Tätigkeiten ergeben, beim Patentamt vorzunehmen.

Folgende schützenswerte Beispiele, die durch das Patent als technische Erfindung gegen Nachahmung geschützt werden können: Eine technische Idee oder Lösung, ein Rezept, Know-how oder Herstellungs- und Arbeitsverfahren. Näheres regeln z. B. der § 9 Patentgesetz (Schutz gegen Nachahmung) und § 1 (Voraussetzungen: Erfindungen müssen neu sein, auf einer erfinderischen Tätigkeit beruhen und gewerblich anwendbar sein). Die Voraussetzung für den Schutz ist die Anmeldung beim Deutschen Patent- und Markenamt oder auch beim Europäischen Patentamt. Dies gilt auch für den Schutz bei Gebrauchsmustern, Geschmacksmustern, Marken sowie Halbleiter- und Sortenschutz. Die Dauer des Patentschutzes ist auf 20 Jahre begrenzt.

Interessant für den Bereich **Dienstleistungen** ist auch das Markenrecht, welches im Markengesetz in § 1 den Schutzbereich: Marken, geschäftliche Bezeichnungen und geographische Herkunftsangaben regelt. Als Eigenschaft, die die Schutzfähigkeit einer Marke bewirkt, wird in § 3 Abs. 1 MarkenG die Unterscheidungskraft definiert, d. h., die Eignung einer Marke, „Waren oder Dienstleistungen eines Unternehmens von denjenigen anderer Unternehmen zu unterscheiden". Die Schutzdauer beträgt zehn Jahre und kann mehrfach um weitere zehn Jahre verlängert werden. Die Anmeldung einer Marke ist beim Patentamt mit mindestens folgenden Angaben einzureichen:

- Angaben über die Identität des Anmelders
- Eine Wiedergabe der Marke
- Ein Verzeichnis der Waren oder **Dienstleistungen**, für die die Eintragung beantragt wird (Waren-/Dienstleistungsklassen).

Bestehen Schutzrechte aus Patent, Urheberrecht, Gebrauchs- oder Geschmacksmustern, an einer Marke oder am Know-how kann man sich vom Rechteinhaber Nutzungsrechte, Herstellungsrechte oder auch Vertriebsrechte einräumen lassen. Dies wird üblicherweise über **Lizenzen** in einem Lizenzvertrag geregelt. Inhalt ist die wirtschaftliche Verwertung von geschützten oder ungeschützten werthaltiger Rechte gegen Entgelt. Üblich und weit verbreitet sind z. B. Softwarelizenzen, auf die im Kap. 4.5.5 noch eingegangen wird.

Tipp: Organisatorisch wird der Bereich Patente und Lizenzen oft direkt als Stabsstelle bei der Geschäftsleitung angebunden. Wegen der grundsätzlichen Bedeutung und der Komplexität der Materie sollte eine enge Zusammenarbeit mit einem Fachanwalt (z. B. Patentanwalt) zu die-sem Dienstleistungsbereich erfolgen. Nur die sehr großen, forschungslastigen Unternehmen haben in der Regel eine eigene Patentabteilung mit eigenen Juristen. Hier ist der Einkauf gefordert, wasserfeste Verträge (Dienst- oder Werkvertragsrecht), auch unter dem Gesichtspunkt einer Insolvenz des Nutzungsgebers, abzuschließen. Auch sind die Risiken aus zivilrechtlichen und strafrechtlichen Ansprüchen wie Unterlassungs- und Schadensersatzansprüche, Bereicherungsansprüche oder der Beschlagnahme im Zusammenhang mit Patenten und Lizenzen zu beachten.

4.5.4. Marketing, Agenturleistungen

Der Begriff Marketing entstand Anfang des 20. Jahrhunderts und fand in Deutschland erst in der 60er Jahren Verbreitung. Zum Marketing gehören i.d.R. alle Marketingaktivitäten wie die Marktforschung, das Sponsoring, Events, die Agenturleistungen, Medien und sämtliche Drucksachen (Broschuren, Flyer, Formulare, Geschäftspapiere etc.). Häufig wird Marketing mit Werbung gleichgesetzt oder als Vertriebsmethode verstanden.

Da der Erfolg eines Unternehmens von der Attraktivität seiner Güter und Dienstleistungen am Markt abhängig ist, sollten alle betrieblichen Aktivitäten ganzheitlich auf die jeweiligen Marktsegmente ausgerichtet werden. Dies wird primär durch das Marketing, als strategisches Konzept der Unternehmensleitung, erreicht. Die im Focus stehenden Marktsegmente sollen gegenüber dem Wettbewerb, zum Vorteil des eigenen Unternehmens, durch das Marketing beeinflusst werden. Dabei steht die optimale Befriedigung der Wünsche und Bedürfnisse der Kunden im Mittelpunkt. Dazu ist es wichtig, mit dem richtigen Marketing-Mix (Produkte und Dienstleistungen, Preise, Kommunikation, Distribution und Politik) am Markt zu agieren. Möglichst: „One face to the customer", dazu muss die Zielgruppe genau definiert sein.

Bei kleinen Unternehmen wird das Thema Marketing oft durch die Geschäftsführung oder den Mitarbeitern des Vertriebs abgedeckt. In größeren oder stark markengetriebenen Unternehmen existiert eine eigene Marketingabteilung. Diese haben üblicherweise einen hohen Freiheitsgrad, da sich der Kostendruck in der Vergangenheit auf die Produktion und produktionsnahe Bereiche konzentriert hat. Marketingleitungen konnten so „Fürstentümer" aufbauen, die, auch durch die Geschäftsleitungen gedeckt, am Einkauf vorbei Leistungen direkt an Service-Dienstleister „wild" vergeben haben. Also, *Marketing Maverick Spend* par excellence!

Erhebungen haben gezeigt, dass nur bei 5 % der befragten Unternehmen der Einkauf seit mehr als fünf Jahren in den Beschaffungsprozess von Marketingleistungen eingebunden ist. Bei rd. 50 % der Unternehmen ist dies erst seit ein bis zwei Jahren der Fall. Insbesondere KMU's lassen den Einkauf außen vor. Das verhandelte Einkaufsvolumen durch den Einkauf liegt insgesamt erst bei 20 % - 25 %.

Welches sind nun die Gründe für diesen Zustand? Sicherlich lag in der Vergangenheit auch seitens des Einkaufs nicht unbedingt das Augenmerk auf dem Dienstleistungsbereich, zu dem das Marketing und die Agenturleistungen gehören. Als Material-, Rohstoff- oder Anlageneinkäufer war man weit entfernt von den Kenntnissen im Dienstleistungssektor. Falls der Einkauf einmal mit ins Boot genommen wurde, hat er sich eher „nebenbei" um das Thema mitgekümmert. Die „kreativen" Bereiche hat weiter der Fachbereich verantwortet, die „administrativen" der Einkauf abgewickelt.

Doch so können keine wirklichen Einsparungen bei mindestens gleicher Qualität erzielt werden. Es wird aneinander vorbei geredet, da die Akteure nicht auf der gleichen Sprach- und Verständnisebene kommunizieren.

Marketingdienstleistungen gehören neben der Zeitarbeit und der Beratung zu der Kategorie mit der höchsten Preisvolatilität. Somit findet der Einkauf in diesem Bereich das größte Einsparpotenzial. Voraussetzung dafür ist u. a., dass die Dynamik des Marktes verstanden wird und grundlegende Fachkenntnisse sowie das notwendige „Fingerspitzengefühl" für diese Produktkategorie vorhanden sind. Dies setzt voraus, dass die Unternehmen in die Qualifikation der Einkäufer, Prozesse und das Know-how investieren. Die Bereitschaft bei den betreffenden Einkäufern ist jedenfalls, laut einer Studie, dazu vorhanden.

Auf dem Weiterbildungsmarkt war laut Erhebung des Statistischen Bundesamtes und Eurostat im Jahr 2005 der Bereich Marketing und Verkaufstraining mit 10,8 % der Trainingszeiten, gemessen an den Gesamtteilnahmestunden an Lehrveranstaltungen, beteiligt. Bleibt zu hoffen, dass auch genügend Einkäufer an den Veranstaltungen teilnehmen konnten.

Für die Marketingstrategie und für den Dienstleistungseinkauf ist es wichtig zu wissen, ob es sich um einen **Käufer-** oder **Verkäufermarkt** handelt, da Angebot und Nachfrage, auch bei Marketing- und Agenturleistungen, u. a. Auswirkungen auf das Angebot, die Qualität und den Preis haben.

Sind im einkaufenden Unternehmen die Ausgaben für Marketingleistungen eher niedrig, muss die Entscheidung getroffen werden, entweder eigene Einkaufskompetenz für diesen Bereich aufzubauen oder von Fall zu Fall extern zuzukaufen. Dies geschieht normalerweise über Berater oder Kontakter. Bei Agenturen ist darauf zu achten, dass das Preis-Leistungs-Verhältnis stimmt und die Entwicklung des World Wide Web (web 2.0 etc.), neben den klassischen Instrumenten, mit abgedeckt wird. So wächst bspw. die Bedeutung des Social Media für Unternehmen. Managementberatungsunternehmen generierten 2007 im Bereich Marketing- und Vertriebsoptimierung 6,9 % ihres Umsatzes.

Beispiel 2: Integration der Beschaffung von Marketing- und Agenturleistungen in den Einkauf

Eine Studie hat ergeben, dass mehr als 50 % der befragten Unternehmen mit der Übernahme der Beschaffung von Printmedien aus den Fachabteilungen in den Einkauf gestartet sind. Hier waren am schnellsten positive Beiträge mit Einsparungen zwischen 15 % und 40 % zu erwarten. Folgende Faktoren sollten unbedingt beachtet werden: Jahresvolumen, Umsetzungszeit der Aufträge, Prozesskosten durch einen oder mehrere Anbieter und Direktbestellung oder über Agenturen (Provision, Handlingpauschalen etc. in Höhe von üblicherweise 1,5 % - 8 %). Danach sind die Themen Mediaplanung und Agenturleistungen durch den Einkauf angegangen worden.

In dem oben beschriebenen Segment existieren eine Vielzahl von Vergütungsmodellen wie aufwandbezogene (z. B. Stunden- oder Tagessätze), erfolgsabhängige, pauschale Vergütung (Fixhonorar) oder auch Mischformen. Da es kein alleiniges optimales Modell gibt, sollte man bei der Entscheidung, auf das Abrechnungsprojekt bezogen, im Einzelfall die Vor- und Nachteile abwägen.

Tipp: Rückendeckung durch die Geschäftsleitung einholen. Mit dem Marketing auf Augenhöhe zusammenarbeiten und mit kleinen Projekten starten. Kompetenzen im Marketingbereich durch Schulung, Lieferanten- und Messebesuche aneignen und Präsenz zeigen. Prozesse bei der Beschaffung von Marketing- und Agenturleistungen restrukturieren und auf klare Rollenverteilung im Prozess achten. Briefings und Pitchs mit hoher Qualität, Standardisierung und Vergleichbarkeit unter Beachtung der Kreativität vorantreiben. Trennung von Produktion und Kreation. Klären, ob es sich um eine einmalige oder sich wiederholende Marketingmaßnahme handelt und Vertragsart (Einzel- oder Rahmenvertrag) prüfen. Wo sinnvoll, Vergabe nicht durch eine Agentur, sondern incl. Verhandlung direkt durch den Einkauf vornehmen.

4.5.5. IT-Outsourcing

Bei dem Outsourcing von IT-Leistungen wird das weite Feld der Hardware, Software, Lizenzen, Server, Wartung und IT-Schulung abgedeckt. Das erste IT-Outsourcing fand 1989 zwischen Eastman Kodak und IBM, DEC und Businessland statt, indem Kodak die gesamte Informationsverarbeitung an die Vertragspartner übergab.

Als Grund für das IT-Outsourcing werden häufig Kapazitätsprobleme, fehlendes Know-how und Kostensenkungspotenziale genannt. Dazu haben sich verschiedene Modelle des IT-Outsourcings entwickelt. Um nur einige zu nennen: Ausgründung der bisher eigenen Rechenzentren bis zur Ausgliederung von IT-Abteilungen in externe Gesellschaften oder die Verlagerung von kompletten Geschäftsprozessen an Dienstleister.

Heute reicht die Dienstleistungspalette der Fremdbeschaffung von der Prozessberatung, dem Hosting von kompletten IT-Systemen, der Software-Entwicklung bis hin zum Fullservice.

Da IT-Systeme oder ursprünglich die EDV (Elektronische Datenverarbeitung) in allen Unternehmensbereichen vorzufinden sind und – möglichst vernetzt und innovativ – alle Prozesse unterstützen, gehören sie zu den wettbewerbsrelevanten Instrumenten eines Unternehmens. Die IT hat somit eine strategische Bedeutung für jedes Unternehmen.

Sind in der Vergangenheit die Kosten für die Hardware der bestimmende Faktor innerhalb der Entscheidung für oder gegen ein System gewesen, ist es heute die Software, der Service, die Innovationskraft, die Verbesserung der IT-Prozesse und der ganzheitliche Systemansatz. Dazu gehören Beratung, Lieferung, Implementierung und Betrieb bzw. Wartung eines Systems.

Bei der Auslegung der IT-Systeme sind die Betriebsgröße (Standorte, Anzahl der DV-Arbeitsplätze, Terminals etc.), die Unternehmensart und die Anforderungen die wesentlichen, bestimmenden Faktoren. Die Ausstattung muss sinnvoll, dem Zweck angemessen und bezahlbar sein.

Da die Halbwertzeiten für IT-Systeme extrem kurzlebig sind, muss neben den technologischen Parametern der Kostenfaktor im Auge behalten werden. Bei der Auslegung für die Software kommen Standard-Software oder Individual-Softwarelösungen zum Tragen. Da Eigenentwicklungen selten sind sollte weitestgehend auf Standard-Lösungen von weltweiten Anbietern mit individueller Anpassung an das einkaufende Unternehmen (Customizing) zurückgegriffen werden.

Daneben bietet es sich an, im Rahmen von Projekten, befristet Freelancer zur Unterstützung einzusetzen. Diese werden zunehmend in großen Vermittlungsagenturen wie Reutax, GFT, Hays oder Accenture gebündelt und von dieser verwaltet und gesteuert. Der Auftragnehmer hat somit nur einen Ansprechpartner für die Vertragsabwicklung.

Beispiel 3: Anzahl von IT-Dienstleistern im Unternehmen

Peter Wroblowski, Chief Information Officer von Henkel, hatte beim Durchforsten der externen Servicepartner festgestellt, dass allein 120 verschiedene IT-Dienstleister über die ganze Welt verteilt, zuzüglich mehreren hundert IT-Trainern, mit Henkel zusammenarbeiteten. Die Folge war ein Wildwuchs mit erheblichem Steuerungsaufwand. Die Anzahl wurde 2010 auf drei Allround-Anbieter zurückgefahren. Ergebnis von Bündelungen: weniger Kosten, Rabattierung, höhere Effizienz, weniger Schnittstellen, schnellere und transparentere Prozesse.

Die Planung für ein IT-Projekt, z. B. eine Softwareeinführung, sollte folgende Bausteine enthalten: Machbarkeit, Meilensteinplanung, Wirtschaftlichkeitsrechnung, Risiko- und Sicherheitskonzept sowie ein detailliertes Pflichtenheft zur Ausschreibung. Ebenso ist bereits die spätere Überwachung und „Messbarkeit" der erbrachten Leistung, beispielsweise in Form von SLA´s und SQI´s[24] zu berücksichtigen.

---

[24] Die SLA´s (Service Level Agreements) spiegeln die vereinbarten Messgrößen für die quantitativen und qualitativen Parameter als Sollwert wieder. In ihnen werden die Dienste, die erbracht werden sollen beschrieben, die Vergütung dafür und die Folgen (Penalty) bei Nichteinhaltung. Um die erbrachten Leistungen (Ist) in Form einer Kennzahl oder einer Service Scorecard abzubilden, ist der SQI (Service Quality Indicator) ein geeignetes Instrument.

Endgeräte werden immer kompakter und leistungsfähiger, Geräte mit Universalanwendungen bieten dem Nutzer die Leistungen an jedem Ort der Welt. Gab es früher Leistungen (Produktionsdaten, Musik, Video etc.), die an einem materiellen Träger wie Kassette, DVD und CD gebunden waren, sind diese Leistungen heute über das Netz abrufbar und auf verschiedene Medien übertragbar.

Wie kaum eine andere Technologie hat das Internet in den letzten zwei Jahrzehnten die betrieblichen und privaten Aktivitäten der Menschen beeinflusst. Viele Geschäftsprozesse und Informations- und Software-Nutzungen sind in das Netz verlagert worden. Mit dem Cloud Computing ist der nächste Schritt in die virtuelle Welt erfolgt, die Folgen sind noch nicht absehbar. Arvato systems stellt den Kunden als Dienstleistungsangebot dazu beispielsweise auf Basis der „SAP in a Cloud" mit seinen virtualisierten Rechenzentrumskomponenten eine hochflexible und kostengünstige Lösung für den Betrieb der eigenen SAP-Systeme zur Verfügung.

Der Trend im Rahmen der IT-Strategie geht in Richtung Sourcing und längerfristigen Zusammenarbeit mit IT-Dienstleistern und spezialisierten Personaldienstleistern. Mit diesen werden zunehmend Rahmenverträge abgeschlossen. In den Verträgen sind neben den sachlichen auch die datenschutzrechtlichen Belange mit zu berücksichtigen. Der verantwortliche IT-Leiter wandelt sich zunehmend zum Manager der internen und externen IT-Solution.

Fallstudien haben nachgewiesen, dass durch das Outsourcing im IT-Bereich i.d.R. mindestens 5 % - 20 % Einsparungen möglich sind. August-Wilhelm Scheer, BITKOM Präsident, hat 2010 in einem Experteninterview darauf verwiesen, dass sich Outsourcing für Unternehmen jeder Größe lohnt. Höhere Flexibilität, Leistungsfähigkeit und je nach Betrieb und Auslagerung Einsparungen der IT-Kosten bis zu 40 %, sind die Gründe dafür. A.T. Kearny hat 2009 festgestellt, dass zwischen 40 % und 60 % der gesamten eingekauften IT-Leistungen nicht im Detail analysiert und mit Wettbewerbsangeboten verglichen wurden. Die Folge waren zu hohe Einkaufspreise.

Prognosen gehen davon aus, dass 2015 ein Fünftel der Unternehmen über keine eigene IT mehr verfügen und diese an Dienstleister ausgelagert haben. Dazu kommt die Verlagerung von Aufgaben wie Programmierungsarbeiten etc. in billige Schwellenländer wie Indien. Thomas Lünendonk, Inhaber des Marktforschungs- und IT-Beratungshauses Lünendonk GmbH, spricht davon, dass „die Grenzen zwischen IT- und Beratungsleistungen sowie Software-Services zunehmend verschwimmen" und stärker die Lösung aus „einer Hand" gefordert wird. Dies hat zur Folge, dass sich die Anbieter den Wünschen der Kunden in Zukunft stärker stellen müssen.

Tipp: Den Einkauf mit einem Projektmitarbeiter in IT-Projekten permanent vertreten. Darauf achten, dass Lizenzvereinbarungen mit dem Hersteller eingehalten werden. Lizenzmanagement einführen (sind die vorhandenen Lizenzen überhaupt alle notwendig, werden für Lizenzen, die gar nicht benötigt werden, Lizenzgebühren bezahlt? Volumenabhängigen Rabatt verhandeln, 5 % - 8 % liegen drin). Die Beschaffung von Hard- und Software sowie aller sonstigen IT-Lösungen sollte unternehmensübergreifend (durch die IT) koordiniert und der Einkauf rechtzeitig eingebunden werden. Der Inhalt von SLA´s muss vom Einkauf unter Vertragsgesichtspunkten mit geprüft und controllt werden. Integrationstests, Updates und Eigentumsfragen (Nutzungsrechte, Quellcodes etc.) klären. Zentralisierungs- und Bündelungsstrategien berücksichtigen.

4.5.6. Telekommunikation (TK)

Die Kommunikation face-to-face zwischen wirtschaftlich handelnden Subjekten ist eine der Säulen für den Informationsaustausch und das gegenseitige Verständnis. Sind die Gesprächspartner räumlich getrennt, bedarf es Telekommunikationsmedien, die einen Informationsaustausch möglich machen. Mit Hilfe von Kommunikationsnetzen und Telekommunikationsdiensten wird die Übertragung von Daten, Texten, Bildern, Sprache oder anderen Signalen ermöglicht. Den Rechtsrahmen bildet das Telekommunikationsgesetz (TKG).

Je nach Eigenschaft der zu übertragenen Informationen wird zwischen: Datenkommunikation (z. B. Daten- und Informationstransfer wie DFÜ, ADSL, DSL, Satelliten, Kabel, ISDN usw.), Textkommunikation[25] (z. B.

---

[25] Web-basierte Textdarstellungen werden üblicherweise in folgenden Dateiformaten dargestellt: LaTex, EPS, RTF, TrueType und TIF.

Briefpost, Telex, Teletex, Memos, E-Mail, SMS, Twitter, Videotext), Sprachkommunikation (z. B. Telefon, Rundfunk, Mobilfunkbereich, Web-Phoning), Standbildkommunikation (z. B. Telefax, Bildtelegrafie) und Bewegtbildkommunikation (z. B. Bildfernsprechen, Telefon, Videokonferenzen und Fernsehen) unterschieden. Die Übertragung erfolgt als analoge oder digitale Informationsübertragung.

Die Telekommunikation gehört neben den Medien, Entertainment und der Informationstechnologie zu den sehr dynamischen Wirtschaftszweigen, die verstärkt Wertschöpfungspartnerschaften eingehen.

Ähnlich, wie im IT-Bereich hat auch im Telekommunikationsbereich in den letzten zwei Jahrzehnten ein erheblicher technologischer Wandel stattgefunden. Die leitungsvermittelte Telefontechnik weicht bspw. immer mehr der paketvermittelten Datentechnik (Voice over IP / „Internettelefonie"). Derzeit herrscht noch ein Mix zwischen der klassischen Telefonleitung und der Telefonie über Datenleitungen vor. Ein großer Teil der Daten läuft noch über Telefon- und klassischer Datenleitung mit ISDN-, ADSL- und EDI-Technologien. Der Trend geht dazu über, dass IT-Systeme und TK-Systeme zusammenwachsen, gemeinsam betrieben, verwaltet und weiterentwickelt werden.

Oft wird in kleinen und mittleren Unternehmen das Thema Beschaffung der Telekommunikation noch ohne Beteiligung des Einkaufs abgedeckt. Die technische Fachabteilung oder die IT kümmern sich nebenbei um das Thema. Die Folge sind oft zu lange Verträge, eine überaltete Technik, keine Flexibilität und keine Ausstiegsklausel bei Abkündigung. Sie zahlen für die Wartung, auch wenn die Anlage längst verschrottet ist!

Da TK-Anlagen sehr komplex sind und eine technische (state of the art) Lebensdauer von fünf bis zehn Jahren haben, ist eine qualifizierte und detaillierte Ausschreibung enorm wichtig. Dabei sind Erweiterungen und Änderungen der Anlage für zukünftige Anforderungen mit zu berücksichtigen. Wichtig ist in diesem Zusammenhang, dass alles, was vor Vergabe vergessen wurde und nachgerüstet werden muss, extrem teuer wird.

Viele Unternehmen arbeiten in diesem Bereich mit TK-Beratern zusammen, die die Ausschreibung vorbereiten und begleiten. Die Beratervergütung kann auf Stundensatzbasis, Projekthonorar oder Ersparnisbeteiligung erfolgen. Stellen Sie die Beraterkosten den erwarteten Einsparungen vor Beauftragung gegenüber. Bei der Beschaffung von Großanlagen sind durchaus Preisnachlässe (Rabatte) auf den Listenpreis bis 80 % möglich.

Verträge im TK-Bereich sind überwiegend Dauerschuldverhältnisse in der Form von Miet- oder Dienstverträgen oder Mischverträgen. Welche rechtliche Stellung der Nutzer hat, ergibt sich aus dem TKG, das die unmittelbaren Rechte und Pflichten der Vertragspartner regelt. Gleichen sie also den Vertragsentwurf ihres Anbieters mit dem TKG ab.

Ablauf der Beschaffung von TK-Diensten: Bestandsanalyse → Bedarfsanalyse → Ausschreibungsunterlagen → Ausschreibung → Angebotsvergleich → Vergabeverhandlung → Abschluss (Vertrag).

Tipp: Versuchen Sie, wo es möglich ist, für Sie bessere Vertragsbedingungen zu erreichen. Sollten Sie also beim Ausfall von Telekommunikationsdiensten mit höheren Schäden in ihrem Unternehmen rechnen, drängen Sie gegenüber ihrem Anbieter auf eine Aufstockung des gesetzlich vorgesehenen Höchstbetrages. Vor Abschluss eines Wartungsvertrages sind die Laufzeit (nicht länger als fünf Jahre abschließen), die Umfänge und die Verknüpfung mit anderen Verträger zu prüfen. Bei Firmenhandys muss auf eine ausreichende Netzabdeckung, die Netzqualität, Flatrates, Aktivierungskosten, Deaktivierungsgebühren und die Einhaltung der „Roaming-Verordnung" geachtet werden. Alle Rechnungen genau prüfen, da günstige Sondervereinbarungen oft nicht berücksichtigt werden!

Bei den Telekommunikations-Dienstleistungen sind Kostensenkungspotenziale von 10 % oder mehr möglich. Wesentliche Stellhebel hierfür sind die Bedarfsbündelung über alle Unternehmensbereiche und Units sowie eine qualifizierte Ausschreibung mit der Option eines Lieferantenwechsels.

4.5.7. Facility Leistungen / Management (FM)

Nachdem das Thema Outsourcing in vielen Bereichen Fuß gefasst hatte, folgte in Deutschland erst in den neunziger Jahren verstärkt die Bereitschaft, Teilgebiete aus den Gebäude- und Verwaltungsdiensten an Dienstleister zu vergeben. Dies lag einerseits am Trend des Lean Managements als auch an den Ergebniseinbrüchen der Wirtschaftsunternehmen. Insbesondere auch bei den Gebäudetechnikanbietern und den großen Bauträgern, die mit zunehmendem Wettbewerb von süd- und osteuropäischen Anbietern im angestammten Kerngeschäft zu kämpfen hatten. Der Branchenwandel ging in Richtung neuer Geschäftsfelder wie Facility Management und Property Management, um sich als Systemanbieter besser zu positionieren und die Rentabilität zu erhöhen. Dazu trug sicherlich auch die Erkenntnis bei, dass mit der Planungs- und Bauphase ca. 15 % - 20 % der Gesamtkosten anfallen, während der Betriebsphase einer Immobilie aber ca. 80 % - 85 %. Die mögliche Wertschöpfung oder Wertevernichtung ist also ab Fertigstellung um ein Vielfaches höher.

Länder wie die USA, England und die Niederlande waren bei der Immobiliendienstleistung führend. Wirtschaftsbereiche wie Banken, Versicherungen und große Immobilienfonds die Vorreiter bei der Vergabe an externe FM-Anbieter. Die „klassischen Dienste" wie Hausmeister- und Sicherheitsdienste sowie Gebäudereinigung wurden schon Anfang des 20. Jahrhunderts angeboten. Mit der Professionalisierung und Etablierung des FM in den 70er und 90er Jahren folgten neue Dienstleistungen und die Internationalisierung wurde vorangetrieben. Die klassische Gebäudereinigung macht heute durchschnittlich weniger als 30 % vom Umsatz der gesamten FM-Dienstleistungen aus.

Beim Facility Management handelt es sich um eine „komplexe Dienstleistung, die durch die Integration von Planung, Kontrolle und Bewirtschaftung von Gebäuden, Anlagen und Einrichtungen und unter Berücksichtigung von Arbeitsplatz und Umfeld eine verbesserte Nutzungsflexibilität, Arbeitsproduktivität und Kapitalrendite zum Ziel hat", so die Definition der GEFMA. Daneben gibt es eine Reihe weiterer Definitionen durch europäische und internationale Verbände.[26]

---

[26] Siehe hierzu und zum Folgenden W. Braun, Facility Management für Gebäude in Geschäftsverträge Bd. 10, Stuttgart 2007, S. 934 ff., J. Hossenfelder, Wachstumsbranche Facility Management in „Dienstleistungen Vision 2020", Frankfurt a. M. 2009, S. 220 ff., H. Schneider, Outsourcing von Gebäude- und Verwaltungsdiensten, Stuttgart 1996, S. 1 ff.

Folgende Organisationsarten sind beim Facility Management möglich: Die Vergabe an externe Dienstleister, die Bildung eines unternehmenseigenen Profitcenters oder die Ausgründung in eine eigene Tochtergesellschaft, die dann auch an Dritte ihre Dienste anbieten kann. Beim Übergang von Arbeitnehmern auf externe Dienstleister oder Betriebsteilverlagerungen sind Informations- und Mitspracherechte von Gläubigern, Aufsichtsrat, Betriebsrat und Mitarbeitern zu beachten.

Das Outsourcing komplexer Facility-Dienste ist eine Managementaufgabe, die gemeinsam durch die Unternehmensleitung, das intern verantwortliche Management für Dienste und die Dienstleister projektiert und umgesetzt werden muss. Wesentliche Ziele sind bessere Einkaufspreise, Flexibilität, Know-how-Zunahme, Steigerung der Qualität und Optimierung der Prozesse.

Die gesamten FM-Dienste unterteilen sich in das infrastrukturelle Segment mit den Bereichen Empfang- und Pförtnerdienste, Sicherheit, Pflege der Grünanlagen bis zum Catering. Daneben beinhaltet das Segment technisches Gebäudemanagement die Bereiche Haustechnik (Leitstände, Klima, Heizung, Lüftung, Aufzugtechnik, Sanitär und Energiemanagement) sowie die Produktions- und Anlagentechnik (Diagnose, Wartung, Instandsetzung). Daneben laufen unter den kaufmännischen Leistungen die Verwaltung mit An- und Vermietung, das Kosten- und Objektmanagement, die Flächenoptimierung und Fragen bis zur Due Diligence.

Zwei Trends sind bei der Konsolidierung des FM-Marktes zu sehen: Ein Teil der Anbieter konzentriert sich auf Nischen und spezialisiert sich, der andere Teil entwickelt sich zum Gesamtanbieter von FM-Dienstleistungen. Damit wird auch dem Trend der unterschiedlichen Einkaufsstrategien der Kunden-Unternehmen gefolgt. Was erwarten die Kunden zukünftig von FM-Anbietern? Entlastung beim Kerngeschäft, Verbesserung der Service-Qualität, Steigerung der Effizienz, Nachhaltigkeit und Wertoptimierung, Kostensenkung und zunehmende Management-Kompetenz. Die Einbindung in das Kundenunternehmen wird intensiviert.

Die Wachstumsaussichten sind positiv. Das Marktvolumen betrug 2007 über 50 Milliarden Euro und wächst pro Jahr um gut 5 %. Dabei herrscht besonders im Reinigungs- und Sicherheitsbereich ein starker Preisdruck, es geht beim Wettbewerb über den Preis. FM-Dienstleister erzielen gut 50 % ihrer Umsätze mit Industrieunternehmen und dem Gesundheitswesen. Hier werden für die Zukunft noch Wachstumspotenziale gesehen.

Das Einsparpotenzial beim Reengineering und Outsourcing von FM-Diensten beträgt laut Untersuchungen durchaus 30 % und mehr.

FM-Dienstleistungen sind stark personenbezogen. Es sind Menschen, die gute oder schlechte Dienste leisten. Somit ist der Mitarbeiter mit der entsprechenden Qualifikation und Motivation der wichtigste Schlüssel zur Kundenzufriedenheit und somit zum Erfolg. Das Berufsbild hat sich vom typischen Hausmeisterjob zum FM-Manager gewandelt.

Tipp: Informieren Sie sich bei Verbänden, Institutionen wie VDI, VDMA, GEFMA, EN DIN 15221-1 etc. über die Materie. Analysieren Sie den Istzustand und stimmen die Ziele mit der Unternehmensstrategie ab.

Eine genaue Definition was und wie ausgeschrieben werden soll (vollständige und richtige Leistungsverzeichnisse, Flächenverzeichnis, Lastenhefte, Service Level etc.) ist für die Qualität und Vergleichbarkeit der Angebote entscheidend. Fassen Sie Einzeldienste zu Paketen zusammen. Schaffen Sie den Rahmen für eine „Open Book Policy",[27] d. h., gläserne Kalkulation. Prüfen Sie den Einsatz von flexiblen Abrechnungsmodellen (Honorierungen). Vereinbaren Sie Service Level Agreements.

Sehr wichtig sind die Vertragslaufzeiten (i.d.R. drei bis fünf Jahre) und die Vertragsart (Geschäftsbesorgungsvertrag üblicherweise mit dienst- und werkvertraglichen Komponenten). Regeln Sie Abnahmen, Aufmaß, Gewährleistungen und Haftungsübernahmen (mangelhafte Vertragsleistung, Leistungsstörungen) sowie Mängelanzeigen und Minderungsklauseln für Honorare etc. Ebenso sind eindeutige Klauseln für eine ordentliche bzw. außerordentliche Kündigung im Vertrag aufzunehmen. Bei Wechsel des Dienstleisters sollte die Laufzeit 1 Jahr (möglicherweise mit Option auf Vertragsverlängerung) als Testphase nicht überschreiten. Legen Sie den Umfang und den Zyklus von Wartung und Inspektion genau fest. Vereinbaren Sie, was mit einer Pauschale abge-

---

[27] Vgl. A. Thieg, Facility Management: Offene Bücher erleichtern die Auswahl, in: Beschaffung aktuell, Nr. 10, Leinfelden 2011.

deckt wird und welche Leistungen, incl. Instandsetzung [28] nach Zeit und Aufwand (Stundensätze) vergütet werden. Achten Sie auf eine genaue Beschreibung der internen und externen Schnittstellen und Verantwortlichkeiten. Bewerten Sie Chancen und Risiken vor Vertragsabschluss, schaffen sie Notfalllösungen. Passen Sie auf, dass bei Ihnen der Dienstleister das Geld nicht mit Dienstleistungen verdient, die nicht (richtig) erbracht werden. **Vertrauen ist gut - Kontrolle ist besser!**

4.5.8. Industrielle Instandhaltung: Wartung, Reparaturen

Produktionshilfsprozesse, wie die Instandhaltung gewinnen bei immer flexibler und komplexer werdenden Produktionsanlagen mit einer hohen Verfügbarkeit, an Bedeutung. Im vorhergehenden Kapitel ist der Begriff erläutert worden. Die „vorbeugende Instandsetzung" (Preventive Maintenance) ist ein Sonderfall, wo Teile oder Baugruppen ausgetauscht werden, bevor sie ausfallen. Kriterien sind Standzeiten, Laufzeiten, Intensität der Beanspruchung oder auch, weil bei Wartungsarbeiten das Teil gut zu erreichen ist. Vorbeugende Instandsetzung sollte systematisch und nicht nach dem Zufallsprinzip erfolgen.

Mit der fortschreitenden technologischen Entwicklung, dem Einsatz von neuen Managementmethoden und der Erkenntnis, dass Produktionssysteme zuverlässig laufen müssen um wirtschaftlich zu sein, folgte in den 70er Jahren in Japan die Weiterentwicklung zum Total Productive Maintenance (TPM). Dabei sind alle Mitarbeiter, auch die Produktionsmitarbeiter und Anlagenbediener sowie sämtliche Bereiche in den TPM-Prozess mit einzubeziehen. TPM dient der kontinuierlichen Verbesserung und will überall Verluste und Verschwendung eliminieren.

In vielen Unternehmen gibt es eine zentrale Instandhaltung, die als internes Dienstleistungszentrum für folgende Aufgaben verantwortlich ist:

---

[28] In Anlehnung an die DIN 31051 wird der Oberbegriff Instandhaltung wie folgt unterteilt: Wartung: Maßnahmen zur Bewahrung des Sollzustandes von technischen Mitteln eines Systems bei Bedarf oder in Intervallen; Inspektion: Maßnahmen zur Feststellung und Beurteilung des Ist-Zustandes von technischen Mitteln eines Systems (gerätelos oder instrumentell); Instandsetzung: Maßnahmen zur Wiederherstellung des Sollzustandes von technischen Mitteln eines Systems durch Austausch bzw. Instandsetzung.

- Ausübung von Analyse-, Planungs- und Steuerungstätigkeiten (Strategische Planung/langfristig und Arbeitsplanung/operativ)
- Umsetzung von komplexen Wartungs-, Inspektions- und Instandsetzungsmaßnahmen
- Organisation und Durchführung von Beratungen und Schulungen
- Beziehungen zu anderen Unternehmensbereichen pflegen
- Beziehungen zu anderen Unternehmen, Fachorganisationen, Kammern und wissenschaftlichen Einrichtungen unterhalten
- Steuern des Einsatzes externer Dienstleister in Form eines Fremdleistungsmanagements

Der Hauptteil aller instandhalterischen Tätigkeiten sollte die Wartung sein, da exakte Planung und Durchführung eine hohe Verfügbarkeit der gewarteten Objekte sicherstellen. Typische Wartungsinhalte sind: Reinigen und Pflegen, Schmieren und Schmierstoffwechsel sowie die Kühlmittelversorgung. Sauberkeit und Ordnung sind die Grundlage für Sicherheit am Arbeitsplatz, hohe Anlagenverfügbarkeit und Qualität. Der Einsatz der **5S**-Methode (sortiere aus, stelle hin, säubere, Sinn für Ordnung und Selbstdisziplin) hat sich in vielen Unternehmen bewährt.

Beispiel 4:   Modernisierung der Produktionsanlagen überfordert offenbar ein Unternehmen

Hier im Beispiel hat ein Unternehmen aus der Getränkeherstellungsbranche 2011 einen vorläufigen Insolvenzantrag gestellt. Grund waren notwendige hohe Investitionen im 6-stelligen Bereich, um die Produktionsanlagen wieder auf den technisch erforderlichen Stand zu bringen. Diese waren jahrelang **nicht** gewartet worden.

In welchen Bereichen sind nun Potenziale bei der Instandhaltung zu finden? Hierzu einige Beispiele aus der Technik:

- Staub- und Kondensatfreihaltung der Betriebsmittel und Arbeitsumgebung sicherstellen
- Einhalten des vorgeschriebenen Luftstromes, der Luftfeuchtigkeit und Temperatur
- Richtige Versorgung mit Schmiermitteln. Schmierplan erstellen, Zahl der Schmiermittel gering halten (Standardisierung). Stoffe filtrieren.
- Verschleiß vermeiden oder minimieren, Korrosionsschutz planen

Grundsätzlich besteht die Möglichkeit, Instandhaltungsleistungen durch eigenes Personal (Instandhaltungsabteilung), durch Personal des Investitionsgüterlieferanten (herstellereigenes Personal) oder durch externe Dienstleistungsanbieter durchführen zu lassen. Für welche Form man sich entscheidet, hängt von der Instandhaltungsstrategie des jeweiligen Unternehmens ab.

Die Gründe für Fremdinstandhaltung sind vielfältig: Kostenreduzierung, Kapazitätsprobleme (Spitzenabdeckung), Entlastung von Eigenpersonal, fehlendes Know-how, Mangel an qualifiziertem Personal, Erhöhung der Produktivität sowie Nachbesserungs- und Gewährleistungsansprüche.

Bereits bei der Planung von Investitionen sollte der Faktor Instandhaltung Bestandteil der Kaufentscheidung sein. Da die Nachlaufkosten (After-Sale-Costs) einen erheblichen Anteil an den Gesamtkosten unter Lebenszyklusbetrachtung (Life-Cycle) ausmachen. Problematisch ist die Vergabe von Wartungs- und Reparaturarbeiten an Maschinen und Anlagen, die nur vom Hersteller ausgeführt werden können/dürfen oder wenn hochspezialisierte Dienstleistungen erbracht werden müssen, für die nur ein oder wenige Anbieter zur Verfügung stehen.

Typische Probleme als Kostentreiber bei der Beschaffung von Instandhaltungsleistungen: Mehrdeutige Leistungspositionen führen häufig zu Nachforderungen und Abrechnung über teure Regiestunden. Technologische Neuerungen sind in den häufig veralteter Leistungsverzeichnissen nicht berücksichtigt. Durch geforderte überzogene zeitliche und kapazitative Flexibilität vom Dienstleister werden sinnvolle Richtwerte überschritten. Fahrtkosten, Rüstkosten, Kosten für Stillstandszeiten und Koordinationskosten werden häufig vergessen. Die Qualität der Planungsleistung und Arbeitsvorbereitung beeinflusst stark das Ergebnis der erbrachten Leistung und damit auch die Kosten.

Tipp: Einsetzen eines Dienstleistungs-Koordinators beim Auftraggeber. Permanente und intensive Kommunikation mit dem Dienstleister hinsichtlich zurückliegender Perioden und zukünftiger Zusammenarbeit. Besprechung von Verbesserungsmöglichkeiten (neue Techniken, Arbeitsabläufe, Betriebsmittel etc.). Vergabe und Bewertung von Testaufträgen. Leistungskataloge erstellen, Festpreisaufträge forcieren.

Bei Arbeiten nach Zeit und Aufwand: Was sind Arbeitszeiten, was Reisezeiten, wie werden diese vergütet? Nebenkosten wie Auslöse, Übernachtungskosten, Fahrt-, Wegekosten etc. mit verhandeln (all das ist verhandelbar!). Bei Wartungs- und Reparaturverträgen genau wissen, was gewartet wird? Wann werden Bauteile ersetzt, wann reicht eine Reparatur? Wann finden Wartungseinsätze statt und welche Qualifikation hat der Servicetechniker? Was passiert, wenn der Techniker ein Teil nicht dabei hat (doppelte Anfahrt- und Übernachtungskosten ausschließen). Werden Garantien bis zum nächsten Wartungstermin gegeben oder zahlt der Kunde, wenn zwischen zwei Wartungsterminen ein Maschinenausfall stattfindet? Beschaffen Sie sich die Tarifverträge der Fremdfirmenleistungen. Verhandeln Sie auch die Stundensätze unter Berücksichtigung der Kostenarten wie Direktlohn, Personalzusatzkosten, Betriebsgemeinkosten, Wagnis und Gewinn. Legen Sie sich Tabellen mit Kostenübersichten an (Stundenlöhne, Geräte, sonstige Kosten). Unterteilen Sie bei der Abrechnung nach Qualifikationen wie Monteur, Helfer und Auszubildenden. Dulden Sie keine Formulierung in den Verträgen, die eine „automatische" Anhebung der Kosten zulassen.

4.5.9. Operationelle Dienstleistungen

In einer Untersuchung der EU-Kommission zu der Frage, inwiefern Dienstleistungen selbst oder durch Dritte durchgeführt werden, sind unter dem Begriff „operationelle Dienstleistungen" (siehe Seite 42, Abb. 3) z. B. Catering, Travelmanagement und Transportdienstleistungen zusammengefasst worden.

4.5.9.1. Catering

Wohl kein anderer Bereich im Unternehmen, außer vielleicht der Arbeitsmedizinische, ist mit seiner Dienstleistung, der Mitarbeiterverpflegung, so nah an seinen Kunden orientiert. Wurde in früheren Zeiten die Verpflegung der Mitarbeiter ausschließlich über eine eigenbetriebene Werkskantine abgedeckt, lassen heute ca. 30 % der deutschen Unternehmen ihre Kantine durch einen externen Dienstleister bewirtschaften.

Dabei sind, unabhängig durch wen die Kantine betrieben wird, die Ansprüche der Besucher gestiegen. Das Würstchen oder die Boulette sind nicht mehr der Standard der Verpflegung. Der Trend geht zur leichten Küche: neben den Klassikern, die Präsentation der Speisen und das Ambiente haben an Bedeutung gewonnen. Der Mitarbeiter legt Wert auf die gleiche Qualität und den gleichen Service wie in seinem privat besuchten Restaurant. Dies schlägt sich auch im qualitativen Wandel von der „Kantine" zum „Betriebsrestaurant" nieder. Preis- und Leistungsverhältnis müssen dabei stimmen.

Bei einer Entscheidung, das Betriebsrestaurant an einen externen Caterer zu verlagern, müssen Unternehmensleitung, Betriebsrat, Arbeits- und Rechtsexperten sowie Einkauf rechtzeitig und professionell mit den Anbietern ins Gespräch kommen. Neben den fachlichen sind auch die emotionalen Aspekte dabei zu berücksichtigen. Schlechtes Essen lässt die Stimmung negativ kippen, gutes Essen steigert die Zufriedenheit und Motivation am Arbeitsplatz.

Vorteile des externen Caterings sind: höhere Flexibilität, bessere Einkaufskonditionen der Waren, Verantwortung für Arbeitseinsatz, Arbeitssicherheit, Qualität und Hygiene liegt beim Dienstleister. Mit dem Outsourcing sind Einsparpotenziale um die 20 % bei möglich. Wichtig ist auch, Themen wie Filial-Kantinen, die Automatenversorgung und Coffe-Shops im Auge zu behalten.

Tipp: Überlassen Sie nicht der Personalabteilung oder anderen Fachbereichen allein das Thema Betriebsrestaurant. Wirken Sie bei der Erstellung des Leistungsverzeichnisses und der Vertragsgestaltung mit. Wählen Sie aus dem Anbieterkreis die potenziellen Kandidaten aus, die zu dem Anforderungsprofil Ihres Unternehmens am besten passen. Betreiben Sie ein Facility Management, werden oft auch Catering-Leistungen vom Betreiber angeboten. Prüfen Sie in diesem Falle Synergieeffekte. Klären Sie, wer die Einrichtung stellt und die Betriebskosten trägt. Stellen Sie die Qualität der Speisen und Getränke sicher und achten Sie darauf, wer Einfluss auf den Speiseplan nehmen soll.

4.5.9.2. Travelmanagement

Einhergehend mit der Internationalisierung und Globalisierung und der zunehmenden Bedeutung der Kunden- und Lieferantenbetreuung, ist die Häufigkeit und Notwendigkeit von Geschäftsreisen angestiegen. Dies gilt zunehmend auch für mittelständische Unternehmen. Laut einer Geschäftsreisestudie haben im Jahr 2006 kleine und mittelständische Unternehmen rd. 40 Mrd. Euro für ihre Geschäftsreisen ausgegeben und damit gut 80 % des Reisebranchenumsatzes gemacht. Das größte Sparpotenzial für Geschäftsreisen wird im KMU-Bereich gesehen.[29]

Haben früher Reisende ihre Buchungen über die Geschäftsleitung, das Sekretariat oder auch selbst abgewickelt und sich dabei weniger Gedanken über eine ausreichende Vorlaufzeit oder die Folgen von Änderungen bis zur letzten Minute gemacht, so ist heute in vielen Unternehmen ein Travelmanagement die Anlaufstelle für alle Reiseobligenheiten. Dieses kann als zentrale Stelle im Unternehmen angesiedelt sein oder durch einen externen Dienstleister abgedeckt werden.

Basis für ein intelligentes Travelmanagement ist eine gut ausgearbeitete Reiserichtlinie (Travel Policy), in der verbindlich beschrieben wird, wann und wie gereist werden soll (Flugklasse, Hotelkategorie, Mietwagen, Preisobergrenzen etc.), wer die bevorzugten Buchungspartner (Preferred Partner) sind, welche Abläufe einzuhalten sind und wie die Reisekosten abgerechnet werden. Die Abrechnung kann über eine interne Stelle oder über externe Dienstleister erfolgen. Der Abrechnungsaufwand wird oft unterschätzt, er beträgt im Durchschnitt 15 % der Geschäftsreisegesamtkosten.

Reiserichtlinien müssen transparent, leicht verständlich, verbindlich, praktikabel und allen Mitarbeitern bekannt sein. Bei konsequenter Anwendung, Auswertungen im Rahmen des Controllings und Möglichkeiten von Sanktionen bei Missachtung, sind Spareffekte zwischen 10 und 30 % in Summe möglich.

---

[29] Siehe Messe Düsseldorf: Business Travel Show mit deutlichen Steigerungen, in: BMEnet Fachnews, 2007.

Die höchsten Kostentreiber bei Reisen sind Flugkosten, gefolgt von den Hotelkosten, danach kommen Bahn- und Mietwagenkosten. Neben den Kosten sind der Zeitaufwand, die Anschlussmobilität und zunehmend das Thema Ökobilanz bei der Reiseentscheidung mit ausschlaggebend.

Wo und wie kann nun gebucht werden? Jeder Reisende direkt: Schlechteste Lösung! Über eine interne Reisestelle: Besser! Aber ausreichende Qualifizierung und Kenntnisse des Reisemarktes und in der Zusammenarbeit mit entsprechenden Dienstleistern müssen gegeben sein. Über ein Reisebüro: Den richtigen Partner auf gleicher Augenhöhe mit Erfahrung in Geschäftsreisen auswählen. Komplettvergabe an einen professionellen Travelmanager: Lohnt sich meist erst bei großen Reisevolumina.

Vor Reiseantritt von Mitarbeitern in das Ausland sollten folgende Punkte besonders beachtet werden:

- Sind Pässe und Ausweispapiere vorhanden und gültig? Sind Impfungen notwendig und erfolgt? Gibt es besondere Gefahren im Reiseland? Sind Krankenhäuser, Ärzte und Konsulate am Zielort (Adressen und Notfallnummern mitnehmen)
- Handlungsempfehlungen und Krisenmanagement für den Notfall bereithalten, auf Länderanalysen und Reiseempfehlungen des Auswärtigen Amtes zurückgreifen
- Ausreichenden Versicherungsschutz gewährleisten und die Fürsorgepflicht des Arbeitgebers beachten

Tipp: Nutzen Sie professionelle Datenbanken und On-Demand-Lösungen als Informationsquelle und Ausschreibungstools. Informieren Sie sich auf Fachmessen wie der Business Travel Show. Schauen Sie sich das Kleingedruckte der Reiseanbieter an (bei Flugreisen sind acht Seiten in englischer Sprache keine Seltenheit). Optimieren Sie Ihre internen Prozesskosten, 30 % Reduzierung sind nicht unmöglich. Nutzen Sie Reisesoftware, Hoteldienstleister, Agenten und Berater, wenn Sie am Anfang der Optimierung stehen. Prüfen Sie die Lage der Unterkunft oder des Flughafens mittels Geodaten wie Google Earth (http://earth.google.de/download-earth.html). Setzen Sie als Firmenkreditkarte (CompanyCards) die Corporate Card als Zahlungsmittel ein und profitieren Sie von den Auswertemöglichkeiten. Bei häufigen Bahnfahrten bietet sich die Bahncard 50 für Reisende an.

4.5.9.3. Transportdienstleistungen / Logistik

Neben dem Fuhrparkmanagement für die Dienstwagennutzung (Personenbeförderung) von Mitarbeitern sind die Transportdienstleistungen (Güterbeförderung per Bahn, LKW, Schiff oder Flugzeug) und die Logistik ein entscheidender Nutzen- und Kostenfaktor im Unternehmen.

Eine der Definitionen für Logistik ist folgender, flussorientierter Ansatz: Planung, Realisierung und Kontrolle der effizienten und effektiven raum-zeitlichen Gütertransformation zwischen Lieferpunkt und Empfangspunkt.

Bei der Betrachtung der logistischen Kette stehen die Beschaffungs-, Produktions-, Vertriebs- und Entsorgungslogistik im Focus, unter Supply Chain Management Gesichtspunkten fließen Informations- und Finanztransaktionen mit in die Gesamtbetrachtung ein. Die Logistik hat sich hin zu einer Flussorientierung mit unternehmensübergreifenden Strukturen gewandelt. Dabei steigen die Anforderung an die Leistungsfähigkeit der Logistik stetig durch die Ausweitung der Komplexität, der weltweiten Beschaffungs- und Distributionswege und des zunehmenden Informationsflusses. Just-in-Time und Just-in-Sequence-Anlieferungen fordern eine professionelle und flexible Logistik. Der Logistiker übernimmt die Rolle des Netzwerkkoordinators.

Nicht alle Unternehmen unterhalten im Rahmen der Logistik einen eigenen Fuhrpark für die notwendigen Transporte der Güter. Wenn doch, werden nicht immer alle Transporte darüber abgewickelt. Zur Spitzenabdeckung oder bei besonderen Erfordernissen (Ladevolumen, Auslandstransporte, Spezialtransporte etc.) wird mit externen Partnern (Speditionen, Kurierdienste, Frachtführern) zusammengearbeitet.

Folgende Rechtsgrundlagen sind dabei zu beachten: HGB, BGB, die Allgemeinen Deutschen Spediteurbedingungen (ADSp) und bei grenzüberschreitenden Transporten das Übereinkommen für den Beförderungsvertrag im internationalen Straßenverkehr (CMR). Man sollte sich immer die Allgemeinen Geschäftsbedingungen (AGB´s) seines Logistikdienstleisters aushändigen lassen und prüfen.

Im Folgenden sind einige Logistikkennzahlen aufgeführt, die allgemeine Bedeutung haben: Lieferpünktlichkeit, Ergebnis Liefertermin zu Wunschtermin, Teillieferungsprozentsatz, Schadensrate der Lieferungen und Kosten der Logistik. Dabei kennen rd. 40 % der deutschen Unternehmen die Kosten ihrer Supply-Chain nicht genau. Das Logistik-Controlling und Reporting von Kennzahlen (KPI) und deren Veränderungen und Auswirkungen ist zum Thema von Topmanagement-Meetings zu machen.

Bei der Beschaffung aus China und Ost-Europa werden Qualitäts- und Logistikkosten oft unterschätzt. Frachtkosten, Ab- und Anlieferung, Lagerung, Prüf- und Reklamationskosten, Versicherungen, Verzollung sowie Managementkosten machen ca. ein Drittel der gesamten Beschaffungskosten aus.[30]

Damit ist die Beherrschung der globalen Frachten einer der zentralen Erfolgshebel bei der Beschaffung aus dem Ausland.

Potenziale sind auch beim kombinierten Verkehr (Straße/Schiene) und mit der Zusammenlegung von Gütertransporten (Frachtverbünde, Sammelverkehre etc.) vorhanden. Unternehmen, die einen „Dieselfloater" vereinbart haben, sollten sich intensiv mit der Veränderung (Trend) auf dem Öl- und Treibstoffmarkt beschäftigen. Auch die Änderungen bei der LKW-Maut (Bundesfernstraßenmautgesetz vom 19.07.2011) sind zu berücksichtigen. Flexibilität, Nachhaltigkeit und der Einsatz von elektronischen Ausschreibungsplattformen/Portalen in der Supply Chain gewinnen zunehmend an Bedeutung. Um im Wettbewerb der Wertschöpfungsketten zukünftig bestehen zu können, benötigt die Logistik, neben einer Kunden- und Marktorientierung, klare Ziele und Regelungen von Aufgaben sowie logistische Geschäftsprozesskompetenz.

In der Vergangenheit wurden logistische Probleme häufig durch „Überbestände" verdeckt. Durch Minimierung der Kapitalbindung (Bestandsabbau) sind Schwachstellen zu Tage getreten und mussten beseitigt werden. Hilfreich waren dabei zahlreiche IT-Tools und Auto-ID-Systeme (RFID, Internet etc.) sowie eine gestiegene Wertschätzung der Logistik.

---

[30] Fundierte Informationen über das Thema Logistikkosten u.a. beim Global Sourcing sind auch über www.gps-logistics.com erhältlich. Wilfried Krokowski hat aus seiner langjährigen Erfahrung im Asien/China-Geschäft, insbesondere auch zum Thema „Logistik – International Procurement", mehrere Veröffentlichungen herausgegeben.

Unter dem Gesichtspunkt einer ganzheitlichen Optimierung der Supply-Chain, sind Logistikmitarbeiter zu schulen und in die Optimierungsprojekte rechtzeitig mit einzubinden.

Tipp: Analysieren Sie ihr Logistikkonzept auf Aktualität. Führen Sie Marktanalysen durch und verhandeln Sie mit neuen Anbietern und Bestandsdienstleistern. Treffen Sie die ausdrückliche Vereinbarung, dass der Spediteur die komplette Beladung und auch die Erstellung der Warenbegleitpapiere übernimmt. Vereinbaren Sie stets mit einer Spedition feste Kosten, die dann immer auch die Frachtkosten umfassen. Im Speditionsvertrag ist auf eine ausdrückliche Vereinbarung zu bestehen, wonach der Spediteur für eine ausreichende Sachversicherung für das Transportgut zu sorgen hat. Lassen Sie sich die Versicherungsdokumente vorlegen (Kopie anfertigen). Klare Abhol- und Ablieferungstermine vereinbaren. Wenn **Flurförderzeuge** in ihrem Unternehmen ein wichtiges Thema ist, sondieren Sie mögliche Betreibermodelle, eine zentrale Steuerung des Fuhrparks und das Thema Full-Service. Sorgen Sie für konkurrenzfähige Logistikkosten als Grundlage für konkurrenzfähige Preise der Produkte und Dienstleistungen Ihres Unternehmens. Besuchen Sie Fachmessen wie die LogiMAT, easyFair oder Transport Logistic. Informieren Sie sich durch Fachzeitschriften (z. B. Materialfluss, BME-Preisspiegel Frachten[31]) und den Besuch von Fachveranstaltungen über best practice in der Logistik bzw. Intralogistik.

4.5.10. Beratungsleistungen

Bei den Beratungsleistungen handelt es sich um ein sehr weites Feld der Dienstleistungen. In den nachfolgenden Ausführungen sind Steuerberater und Rechtsanwälte ausgenommen. Der Focus liegt auf der Beratung von strategischen, organisatorischen, personellen, technischen, logistischen und wirtschaftlichen Themen. Meist sind es Ingenieure, Psychologen, Volks- oder Betriebswirte, die beratend tätig sind.

---

[31] BME-Mitglieder können auf Publikationen von Arbeitskreisen zurückgreifen, z. B.: „Das Kochbuch der logistischen Kennzahlen", Leitfaden zum Aufbau einer Transportdatenbank" und „Die richtige Ausschreibungsmethode finden – Leitfaden incl. TEAM-Tool" oder dem jährlich von der BMEnet GmbH herausgegebenen BMEnet Logistik Guide.

Rund 14.000 Unternehmensberatungen[32] bieten in Deutschland ihre Dienste an. Ihr Leistungsspektrum reicht dabei von der Strategieberatung bis zur Prozessoptimierung. Oft werden Berater in das Unternehmen geholt, wenn es schon „fünf vor zwölf" ist. Hoher Beratungsbedarf besteht nicht nur bei den klassischen Themen der Hauptursachen für Insolvenzen: fehlende oder falsche Strategie- und Investitionsentscheidungen, zu hohe Kosten und mangelhafte Liquidität. Auch bei vielen anderen Themen wie zusätzliche Kapazität, Einbringen von Know-how, Managementberatung, Performancesteigerung und Projekten bietet sich externe Beratung als zeitlich begrenzte Unterstützung an.

War früher der Einkauf bei der Beschaffung von Beratungsleistungen meist außen vor, übernimmt er zunehmend auch Mitverantwortung für diesen Bereich.[33] Dennoch werden oft Nutzen- und Kostensenkungspotenziale verschenkt. Ursachen dafür sind intransparente Angebote, mangelndes Markt-Know-how, Probleme, die Bedürfnisse und Anforderungen an den Berater zu spezifizieren und oftmals die personengebundene Ad-hoc Entscheidung der Geschäftsleitung. Den Berater lediglich als „Alibifunktion" für eigene Unzulänglichkeiten einzusetzen, sollte kein Entscheidungsgrund für externe Beratung sein.

Mit einer professionellen Projekt- und Anforderungsdefinition, einem gezielten umfassenden Marktscreening sowie gründlicher Reviews von Angeboten lassen sich Kostensenkungseffekte von 10 % - 30 % bei Beratungsleistungen erzielen, ohne an der Qualität zu sparen. Der Berater (das Beratungsunternehmen) hat ein originäres Interesse daran, auch nach einem durch den Einkauf verhandelten Vertrag seine Beratungsleistung professionell und gut zu erbringen, da er vom Erfolg und der positiven Referenz lebt.

Viele Beratungsprojekte scheitern, weil betroffene Mitarbeiter nicht rechtzeitig informiert und eingebunden werden, Kosten- und Terminvor-

---

[32] Neben anderen Beratungsunternehmer im Bereich Einkaufsberatung ist die BrainNet Supply Management Group AG in allen Disziplinen des SCM vertreten. Eine Übersicht bietet auch der BMEnet Guide Beratung oder das Mitgliederverzeichnis des BDU.
[33] In einer Studie von 2005 stellt Lünendonk dar, dass bei erst acht von 32 befragten Unternehmen der Einkauf die Rolle eines Service-Centers beim Einkauf von Beratungsleistungen übernommen hat und an der Auswahl und Entscheidung beteiligt ist.

gaben nicht eingehalten werden (mangelndes Controlling), die erhofften Ergebnisse nicht erreicht werden oder die Chemie zwischen Auftraggeber und Berater nicht funktioniert. Insbesondere bei Familienunternehmen ist dies, neben angemessenen Kosten, eine wesentliche Voraussetzung für eine gute Zusammenarbeit.

Bei der Vertragsgestaltung kommen der Dienstvertrag oder, wenn noch Exposes, Pläne o. ä. vom Berater zusätzlich erstellt werden, der Werkvertrag nach BGB als Vertragsgrundlage zum Tragen. Bei externen Beratern haftet für einen entstandenen Schaden meist deren Vermögensschadenhaftpflichtversicherung, auf eine ausreichende Versicherung ist zu achten. Haftungsausschlüsse in vorformulierten Beratungsverträgen sind unwirksam.

Tipp: Erstellen Sie eine „Short list" bevorzugter Beratungspartner. Vereinbaren Sie mit Ihrem Unternehmensberater Verschwiegenheits- und Geheimhaltungsklauseln. Da Beratung auch immer etwas mit Vertrauen zu tun hat, hinterfragen Sie vor Vertragsabschluss eine Zugehörigkeit zum BDU, lassen Sie sich Referenzen vorweisen bzw. klären Sie die Mitgliedschaft zu möglicherweise dubiosen Vereinigungen. Eine klare Aufgabenstellung, Beginn und Dauer der Beratung, Regelungen bei einer vorzeitigen Beendigung, Abstimmungs- und Entscheidungsinstanzen, der geplante Zeitaufwand sowie die Honorarhöhe einschl. der Nebenkosten und Zahlungsbedingungen sollten verhandelt und vereinbart sein.

4.5.11. Juristische Leistungen

Die Rechtsberatung ist u. a. im Rechtsberatungs- und Rechtsdienstleistungsgesetz geregelt. Besonders KMU haben selten eine eigene Rechtsabteilung, benötigen aber zeitweise Fachjuristen, die sie bspw. in folgenden Bereichen unterstützen:

- Erstellen und Überprüfen der eigenen und fremden AGB´s
- Mitwirkung bei der Ausarbeitung und beim Abschluss wichtiger auszuhandelnder Verträge, insbesondere internationaler Verträge
- Beratung und Lösung von schwierigen Rechtsfällen wie Vertragserfüllung, Vertragsstörung, Haftung, rechtliche Konflikte mit Geschäftspartnern

Ziel sollte es sein, den für das Unternehmen richtigen Anwalt (fachliche Kompetenz, Zuverlässigkeit, räumliche Nähe, Vertrauen etc.) zu finden. Da auch in KMU Rechtsfragen aus verschiedenen Unternehmensbereichen auftreten, ist es oft sinnvoll, mit einer Anwaltssozietät, die Spezialisten für die unterschiedlichen Rechtsgebiete vorhält, zusammen zu arbeiten. Informationen liefern Rechtsanwaltskammern oder man erhält sie auch unter www.anwaltssuche.de.

Den Anwaltsvertrag regelt das BGB, die Pflichten des Anwalts sind in der Bundesrechtsanwaltsordnung geregelt. Beachtet werden muss der Unterschied zwischen Einzelmandat und Dauerberatungsvertrag, auch hinsichtlich der Kündigungsmöglichkeit. Für die Vergütung kommen das Pauschalhonorar, die Höhe richtet sich nach dem voraussichtlichen Aufwand (monatlich, jährlich) oder ein vorher bestimmtes Stundenhonorar (Zeithonorar) infrage.

Tipp: Ihr Anwaltspartner im Einkauf sollte sich insbesondere im Vertrags- und AGB-Recht, Wettbewerbs- und Werberecht, Insolvenzrecht und Versicherungsrecht gut auskennen. Lassen Sie sich zusichern, dass eine ausreichende Haftpflichtversicherung für Berufsrisiken vorhanden ist. Honorarklauseln sollten klar und eindeutig die damit abzugeltenden Dienstleistungen benennen und Anrechnungsabreden regeln. Fragen Sie, spätestens nach Erläuterung des Sachverhaltes, nach der voraussichtlichen Höhe der Gebühren. Vereinbaren Sie feste Kostensätze für standardisierte Bearbeitungsprozesse. Schließen Sie eine Vertragsstrafenklausel bei Verletzung der Verschwiegenheitspflicht ab.

4.5.12. Banken- und Finanzdienstleistungen

Banken- und Finanzdienstleistungen sind für jedes Unternehmen von eminenter Bedeutung. Dazu gehören alle Marktleistungen wie das Aktiv- und Passivgeschäft, das gesamte Dienstleistungsgeschäft, alle bankinternen technisch-organisatorischen Leistungen und die Kundenberatung. Was Bankgeschäfte und Finanzdienstleistungen sind, wird im KWG geregelt. Der Finanz- auch Kapitalbedarf von Unternehmen ergibt sich aus der Tatsache, dass für die Beschaffung der benötigten Produktionsfaktoren und sonstiger Aufwendungen, für internes, gesundes Wachstum sowie für Akquisitionen Kapital erforderlich ist. Auch fallen bei der Verwertung der Betriebsleistungen Zahlungsströme an.

Sämtliche Verpflichtungen des Unternehmens müssen termingerecht und in vollem Umfang sichergestellt sein. Dies stellt der Finanzplan sicher, in den auch die Kapitalbedarfe der verschiedenen Teilbereiche, wie der Beschaffung, einfließen. Da i.d.R. die eigenen Finanzmittel (Eigenkapital) nicht ausreichen, wird zusätzliches Kapital (Fremdkapital) benötigt. Neben Bankkrediten wird auch verstärkt auf Leasing, Factoring, KfW-Kredite oder Unternehmensanleihen als Finanzierungsinstrumente zurückgegriffen. Ziel ist es, die Liquidität des Unternehmens permanent sicherzustellen und für einen starken und nachhaltigen Cashflow zu sorgen. Der Trend zu einer höheren Eigenkapitalquote – Steigerung von 22,5 % (2005) auf 26,4 % (2009) im deutschen Mittelstand – basiert nicht nur auf Basel III. Viele Firmen streben eine Quote > 40 % an, um von den Banken unabhängiger zu werden. Ursächlich fallen alle Verantwortlichkeiten für die Unternehmensfinanzierung in den Bereich Unternehmensführung und Finanzen.

Da Zahlungen an Lieferanten einen wesentlichen Teil des Liquiditätsabflusses ausmachen, ist der Einkauf mit in die Gestaltung der Liquiditätsplanung einzubinden. Dies gilt im Rahmen der Unternehmensplanung für den vom Einkauf verantworteten Bereich Beschaffungsplanung ebenso wie für seine Präsenz im Liquiditätsplanungs- oder Krisenteam.

Tipp: Eine Einflussnahme des Einkaufs auf die Liquidität kann durch folgende Maßnahmen geschehen: Verzögerung, Reduktion von Zahlungen und Verhinderung von Zahlungen. Für Nachverhandlungen des Einkaufs mit Lieferanten sind diese zu kategorisieren und individuelle

Maßnahmen, z. B. auf Basis Zahlungsziel pro Lieferant zu Zahlungsziel im Durchschnitt, zu planen. Weitere Maßnahmen bei Krisen sind der Verkauf von nicht benötigten Materialien und Anlagevermögen, Sale and Lease back von Anlagengütern oder Forderungsverzicht mit Lieferanten zu vereinbaren. Aber alles mit *Augenmaß.* Lieferantenbeziehungen beruhen auch auf Vertrauen, Fairness und Belastbarkeit. Kommunizieren Sie offen mit Ihren Lieferanten. **Cash ist King!** Lassen Sie sich im Einkauf nicht „die Butter vom Brot nehmen", sondern übernehmen Sie wenn möglich, eine Treiberrolle bei Kostensenkungsmaßnahmen.

4.5.13. Versicherungsleistungen

Mit Versicherungen werden üblicherweise mögliche Risiken abgedeckt, die in der Zukunft auftreten können. Risiken gehören zum unternehmerischen Handeln und unterliegen somit der primären Verantwortung der Unternehmensleitung. In größeren Unternehmen ist die operative Verantwortung oft in Form einer Stabsstelle, in der Rechtsabteilung oder im Rechnungswesen angesiedelt.

Vor Abschluss von Versicherungen ist immer zu prüfen, ob eine Versicherungspflicht besteht oder ob es sich um freiwillige Versicherungen handelt. Auch ist abzuwägen, wie hoch die Eintrittswahrscheinlichkeit des Risikos ist und in welcher Höhe ein Schaden entstehen kann. Wirtschaftlich macht es keinen Sinn, jedes Risiko voll abdecken zu wollen, da die Versicherungsprämien exorbitant ansteigen können.

Nachdem die Frage geklärt ist, was versichert werden soll und wie hoch, ist die Frage zu klären, bei wem soll versichert werden. Neben dem Vertragsabschluss direkt mit dem Versicherer (angestellte oder selbständige Vertreter einer Versicherung), bieten sich auch Lösungen über einen Versicherungsagenten bzw. Versicherungsmakler an. Vermittler müssen eine Haftpflichtversicherung abgeschlossen haben.

Versicherungsleistungen sollten generell angefragt und die Prämien verhandelt werden. Die Inhalte der Versicherungspolice sollten nicht erst im Schadensfall zu Rate gezogen werden, sondern vorher bekannt sein.

Tipp: Lassen Sie sich als Einkauf generell beim Thema Versicherung mit ins Boot holen. Dies gilt im Falle von Leistungen der eigenen Versicherung ebenso wie bei der Inanspruchnahme von Versicherungsleistungen Dritter z. B. Ihres Lieferanten. Versicherungen arbeiten oft mit Gutachtern zusammen, die direkt vom Versicherer beauftragt und bezahlt werden. Stellen Sie sich darauf ein, dass die Versicherung erst einmal Ansprüche abwehren und nicht zahlen will. Sammeln Sie **Z**ahlen, **D**aten, **F**akten **(ZDF)**, benennen Sie Zeugen und lassen ggfs. ein Gegengutachten erstellen. Verhandeln Sie hart und hartnäckig.

4.5.14. Rechnungswesen

Das betriebliche Rechnungswesen gliedert sich üblicherweise in die Finanz- und Geschäftsbuchhaltung, die betriebswirtschaftliche Statistik und die Planungsrechnungen. Eine der Hauptaufgaben ist die zahlenmäßige Erfassung und Abrechnung des betrieblichen Leistungsprozesses. Das Rechnungswesen liefert Informationen zur Vermögens-, Ertrags- und Finanzlage, zur Wirtschaftlichkeit und erstellt Plandaten (Soll-Ist-Vergleiche) zur Entscheidungsfindung. Die wesentlichen Rahmenbedingungen werden u.a. im HGB, Bilanzrechtsmodernisierungsgesetz (BilMoG) oder durch EU-Richtlinien geregelt.

Das Rechnungswesen zählt sicherlich zu den Kernaufgaben eines Unternehmens und ist stark von der Qualifikation und Kreativität der Mitarbeiter sowie belastbaren Daten abhängig. Ob und welche Aufgaben also nach außen verlagert werden, ist eine Grundsatzentscheidung der Unternehmen. Kleine und mittlere Unternehmen überlassen ihr Rechnungswesen (Buchhaltung etc.) oft Steuerberatern oder Steuerberaterbüros. Es solle jedoch ausreichend Kompetenz im eigenen Unternehmen vorhanden sein, um die betriebs- und finanzwirtschaftlichen Vorgänge zu verstehen, zu beherrschen und den Dienstleister optimal zu steuern.

Ausgelagert werden Finanzprozesse wie Reisekosten- sowie Lohn- und Gehaltsabrechnung, Kreditoren und Debitorenbuchhaltung und die Haupt- und Konzernbuchhaltung.

Da es am Markt z. B. für den Bereich Lohn- und Gehaltsabrechnung gute Standardlösungen gibt, ist auch ein entsprechendes Angebot an spezialisierten Dienstleistern (Steuerberater, DATEV etc.) vorhanden.

Gerade für kleinere Mittelständler mit kleinem Budget ist es teurer, mehrere eigene Mitarbeiter ausschließlich für diesen Bereich vorzuhalten.

Größere Unternehmen sourcen diese Teilbereiche oft in Lohnniedrigländer aus. So werden Rechnungsstellungen, Rechnungsprüfung oder Abrechnungen z. B. in der Slowakei, in Tschechien oder Indien erledigt und per Datentransfer zwischen Dienstleister, Lieferant und Kunde durch die globale Welt geschickt.

Die Auslagerung an externe Dienstleister bewirkt oftmals einen automatisierten Workflow, eine Bündelung der Buchungskompetenz, eine Reduzierung des Bearbeitungsaufwandes und damit einhergehend ein von Anbietern prognostiziertes Einsparpotenzial von bis zu 70 %.

Tipp: Neben der Vertragsart (Vertragsbedingungen) und den Kosten auch die Themen Kulturverständnis und (Daten)Sicherheit beachten.

4.5.15. Personaldienstleistungen

Wenn zusätzliches Personal nur für einen begrenzten Zeitraum benötigt wird, bietet sich das Instrumentarium der Personaldienstleistung[34] an. Die Ursachen des Bedarfes können u. a. daran liegen, dass es sich um zyklische Branchen handelt, bei denen regelmäßig oder unregelmäßig Auftragsspitzen auftreten, kurzfristig ungeplante Aufträge abzuarbeiten oder plötzliche Ausfälle des Stammpersonals zu verzeichnen sind. Weitere Gründe sind Kostenersparnis im Lohnbereich (adjusted wage gap), Kostenersparnis im HR-Bereich und geringerer Kündigungsschutz.

Beispiel 5:   Potenziale bei Personaldienstleistungen

Bei einem mittelständischen Unternehmen ist für Qualitäts- und Nacharbeitsleistungen beim Kunden ein Fremddienstleister durch die Fachabteilung beauftragt worden. Aufgrund von Termindruck sind die Arbeiten auf Basis der Vertragsbedingungen des Dienstleisters erfolgt. Nachdem ein fünfstelliger Rechnungsbetrag aufgelaufen war, wurde der Einkauf eingebunden. Maßnahmen: Nachverhandlung der geleisteten und abgerechneten Arbeiten (Nachlass ca. 20 %) sowie Vereinbarung neuer Stundensätze, Rahmen- und Vertragsbedingungen für Folgeleistungen.

---

[34] Wird synonym auch als Zeitarbeit, Leiharbeit oder Personalleasing bezeichnet.

Nach Neuausschreibung wurde die Anzahl der Dienstleister in diesem Segment auf zwei Drittel des ursprünglichen Umfanges reduziert.

Die Basis für jede Arbeitnehmerüberlassung, die im Rahmen einer wirtschaftlichen Tätigkeit stattfindet, ist das Arbeitnehmerüberlassungsgesetz (AÜG von 1972 mit seiner letzten Änderung vom Juli 2011). Durch den Gleichstellungsgrundsatz *equal pay* und *equal treatment* unterliegen Leiharbeiter den gleichen Bedingungen wie die Stammbelegschaft des entleihenden Unternehmens. Abweichende Regelungen können aber durch Tarifvertrag erreicht werden. Verleihvoraussetzung für die gewerbsmäßige Arbeitnehmerüberlassung ist die behördliche Genehmigung der Bundesagentur für Arbeit. Zwischen dem Leiharbeitnehmer, seinem Arbeitgeber (Verleiher) und dem Entleiher (Dritter) besteht ein sogenanntes Dreiecksverhältnis. Die Arbeitgeberstellung (Weisungsrecht) wird teilweise auf den Entleiher übertragen.

Wurden in der Vergangenheit insbesondere im gewerblichen Bereich oder im Verwaltungsbereich auf Sachbearbeiterebene Zeitarbeitskräfte vermittelt, steigt der Anteil hoch qualifizierter Zeitarbeiter zunehmend. Die Zukunft von Personaldienstleistern hängt verstärkt von den Qualifizierungs- und Weiterbildungsmaßnahmen der Zeitarbeitnehmer ab. Mit den Hilfsarbeitern im gewerblichen Bereich wird die größte Gruppe der Leiharbeitnehmer gestellt, gefolgt von den Dienstleistungsberufen (rd. 111 Tsd. Beschäftigte in 2007). Etwa 2 % der arbeitenden Bevölkerung arbeiten als Zeitarbeitnehmer bei den ca. 18.000 Zeitarbeitsfirmen in Deutschland. Die fünf größten (Randstad, Adecco, Manpower, persona service und Auto-Vision) teilen sich ca. 30 % des Marktes.

Trotz des Einbruches in 2009, nach einer Verdoppelung der Zeitarbeiter von 2004 bis 2008 auf rund 750.000, ist seit 2010 wieder ein kräftiges Wachstum in der Zeitarbeitsbranche zu verfolgen. Gründe dafür sind u. a. die hohe Flexibilität und Variabilisierung der Personalanbieter bei volatilen Nachfragesituationen am Markt. Neben Überstunden und befristeten Verträgen steht die Zeitarbeit an dritter Stelle bei den Personal-Flexibilisierungsmaßnahmen der Unternehmen.

Tipp: Da dieser Bereich sehr stark von der Entwicklung am Arbeitsmarkt, den rechtlich/politischen und gesellschaftlichen Rahmenbedingungen abhängt, ist ein fundiertes Wissen darüber unabdingbar. Es existiert eine umfangreiche Sammlung von Gesetzestexten, Literatur und sonstigen Informationsquellen über die Zeitarbeit. Erarbeiten Sie mit den Fachabteilungen sehr exakte und dem Bedarf angepasste Spezifikationen der erforderlichen Anforderungsprofile für die Ausschreibung. Gestalten Sie die Ausschreibung so, dass ein partieller Preisvergleich möglich ist. Bündeln Sie auf 2 - 3 Anbieter und schließen Sie einen Rahmenvertrag (über 2 - 3 Jahre) mit jährlicher Preisnachverhandlung ab. Achten Sie darauf, dass der Verleiher eine gültige Genehmigung besitzt, die Sozialversicherungsbeiträge ordnungsgemäß abführt und Ihr Vertrag mit dem Verleiher wirksam ist, da Sie sonst im Rahmen der „Subsidiärhaftung" haften und ggfs. ein Arbeitsverhältnis zwischen Ihnen und dem Leiharbeitnehmer (gesetzliche Fiktion) zustande kommt.

4.5.16. Beschaffungsdienstleistungen

Im Zuge des Outsourcinggedankens wird zunehmend auch das Thema der Verlagerung von Beschaffungsleistungen an externe Anbieter, wie Beschaffungsdienstleister oder auch synonym Einkaufsdienstleister, für den Einkauf relevant. Dabei handelt es sich schwerpunktmäßig um Dienstleistungen wie Einkaufsberatung, Einkaufssoftware und Einkaufsdienstleister,[35] die den Einkauf unterstützen und dem Einkauf dadurch für sein Kerngeschäft einen höheren Freiheitsgrad verschaffen sollen. Procurement Outsourcing gehört unbedingt zur Sourcing-Strategie.

Im Focus liegen dabei anfangs oft die nicht produktionsrelevanten Güter und Dienstleistungen (indirekte Güter und Dienstleistungen) einschließlich aller damit zusammenhängenden Geschäftsprozesse. Dabei handelt es sich z. B. um Leistungen in den Bereichen Beschaffungsmarktforschung und operative Abwicklung, Terminüberwachung, Qualitätssicherung, Reklamationsbearbeitung, Freigaben, Preis- und Vertragsprüfung sowie das Eskalationsmanagement, Risk-Management und Compliance-Prüfungen. Besonders Bedarfe unter dem Gesichtspunkt: regelmäßige

---

[35] Auch der Einkaufsbereich muss mit seinen internen Ressourcen haushalten. Mittlerweile haben sich am Markt verlässliche und kompetente Beschaffungsdienstleister wie z. B. die HPI AG, PSG GmbH oder newtron AG etabliert. Mit dem Schwerpunkt Beratung ist das CfSM oder die IBX vertreten. Der BME bietet mit dem BMEnet Guide Beschaffungsdienstleister 2011" oder auch mit der Broschur „Beschaffungsdienstleister verstehen und nutzen", einen fachlichen Überblick mit Leistungsmerkmalen der Branche.

Beschaffung, industrieller Bedarf und geringer Wert stehen im Focus des Procurement Outsourcing.

Neben einer Verschlankung der Beschaffungsprozesse und -kosten werden u. a. eine höhere Flexibilität, mehr Kapazität bei den eigenen Mitarbeitern, Nutzung von Spezialwissen, Erhöhung der Transparenz, Risikominimierung, Reorganisationsmaßnahmen, neue Lieferquellen, Bündelung der Einkaufsmacht und die Reduzierung von Lieferanten als Vorteil des Einsatzes von Beschaffungsdienstleistern erwartet.

Outsourcingprozesse von Einkaufsleistungen unterliegen dem Muss einer hohen Planungsqualität, da sonst die Gefahr besteht, Marktwissen und Kernkompetenzen im Einkauf zu verlieren. Hilfreich ist es, die Auslagerung als Projekt und partiell zu starten. Nach der genauen Spezifikation der auszulagernden Leistung beginnt die Suche nach einem geeigneten Outsourcing-Partner und die Erstellung einer belastbaren Vertragsgrundlage. Wichtig ist auch, die Transformations- und Integrationsphase intensiv zu begleiten und das Ergebnis der Umsetzung zu controllen. Analog zum traditionellen Lieferantenmanagement sind auch Beschaffungsdienstleister unter Berücksichtigung quantitativer und qualitativer Aspekte zu bewerten. Mittlerweile gibt es entsprechende Bewertungs-Tools auch für Dienstleistungen. Unterstützt werden müssen alle Prozesse durch eine leistungsfähige DV-Plattform, e-Sourcing-Lösungen und den entsprechenden Datenstandards wie BMEcat oder EDIFACT. Risiken wie finanzieller, personeller oder produktspezifischer Art beim Dienstleister sind zu überwachen.

Bei der Vergütung von zugekauften Beschaffungsdienstleistungen ist individuell auf die Bereiche Beratung, Einkaufssoftware und Einkaufsdienstleister abzustellen, da diese jeweils spezifische Leistungsparameter aufweisen. Die Bandbreite der Vergütungs- und Vertragsmodelle geht dabei von zeitabhängiger, pauschaler, erfolgsabhängiger, umsatzabhängiger, kostenabhängiger, lizenzabhängiger bis hin zur lieferantenfinanzierten Vergütung sowie Mischformen aller Modelle.

Tipp: Versuchen Sie die Kosten zu deckeln, verhandeln Sie neben der Vergütung auch Zusatz- und Reisekosten. Begrenzen Sie Reise- und Hotelkosten bspw. auf X-% der Tagessätze. Legen Sie fest, was unter „Tagessätzen" (Stundenanzahl, incl. oder exclusive Nebenkosten etc.)

verstanden wird und wie viele Manntage für das Projekt angesetzt werden. Berücksichtigen Sie eventuelle Projektänderungen und damit verbundene längere Umsetzungszeiten, sprich höheren Aufwand. Schauen Sie sich Referenzprojekte an und sprechen Sie mit Kollegen über deren Erfahrungen mit dem Dienstleister. Legen Sie Wert darauf, dass die „Chemie" zwischen Ihrem Dienstleister und Ihnen stimmt und neben einer hohen Fachkompetenz auch ein gemeinsames „Einkaufsverständnis" existiert. Wichtig: Lassen Sie sich ein ausreichendes Budget für die geplanten Projekte und Maßnahmen von Ihrer Geschäftsleitung genehmigen.

5. Beschaffungsprozesse

Nachdem mit der Beschaffungsstrategie die generellen Grundsätze für den Beschaffungsbereich, wie Festlegung der Anzahl (Single oder Multiple Sourcing) und Herkunft (Local oder Global Sourcing) der Lieferanten, die Beschaffungsart (bedarfsorientiert, vorratsorientiert oder synchron/Just-in-Time), die Beschaffungswege oder auch Make or Buy Entscheidungen definiert wurden, sind die strategisch/operativen Teilprozesse bei der Beschaffung zu gestalten. Dabei berücksichtigen Unternehmen immer stärker den Wandel zur Prozessorientierung und versuchen, die internen und externen Prozessketten ganzheitlich optimal aufeinander abzustimmen.

Zum Beschaffungsprozess werden alle Elemente von der Vorbereitung und Beschaffungsanbahnung über den Abschluss bis hin zur Beschaffungsabwicklung mit den dahinter liegenden Einzelaktivitäten gezählt.

Beschaffungsanbahnung (Bedarfsermittlung/Bedarfsmeldung: Wahl der Methode, Klassifizierung der Bedarfsart. Beschaffungsmarktforschung: Datenerhebung, -auswertung, -analyse und Interpretation. Beschaffungsmarketing: Lieferantenkontaktaufnahme, Lieferantenbeurteilung/-audit, Lieferantenauswahl. Angebotseinholung, Angebotsprüfung/-vergleich). *Beschaffungsabschluss* (Vertragsverhandlung, Rahmenvertrag, Kontrakt, Bestellung, Abruf). *Beschaffungsabwicklung* (Beschaffungslogistik, Auftragsbestätigung, Terminüberwachung, Wareneingang, Dienstleistungserbringung, Q-prüfung, Rechnungsprüfung, Kontierung, Buchung und Zahlung).[36] Welche der vorgenannten Aktivitäten vom Einkauf abgewickelt werden und welche durch die Fachbereiche, richtet sich nach einer generellen Zuordnung zu den Prozessverantwortlichen. Auf der folgenden Seite ist ein Beispiel (Abb. 6) innerhalb der Supply Chain dargestellt.[37]

Unabhängig davon, wie in den jeweiligen Unternehmen die Prozesskette gestaltet und im Einzelfall genutzt wird: Ziel aller am Beschaffungsprozess Beteiligten ist, die betriebsnotwendigen Güter und Dienstleistungen

---

[36] Siehe H. Hartmann, a.a.O., S. 454, Dr. Wieselhuber & Partner, a.a.O., S. 77.
[37] Siehe T. Dieringer, Ganzheitliches Lieferantenmanagement, Beschaffung aktuell, Mai 2009, S. 54 ff.

in der richtigen Menge, zum richtigen Zeitpunkt, in der geforderten Qualität zu wirtschaftlichen Bedingungen zu beschaffen und bereitzustellen.

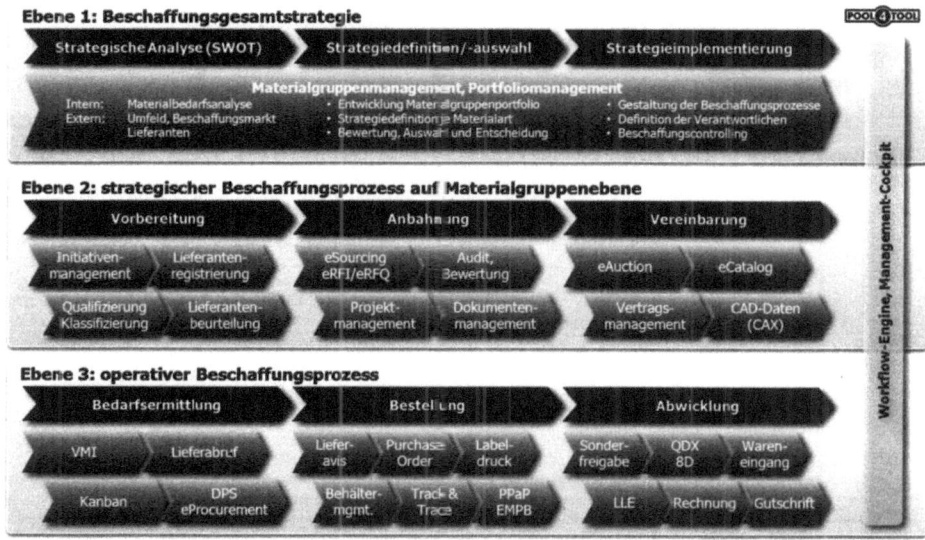

Abb. 6: Der Beschaffungsprozess innerhalb der Supply Chain, in: Beschaffung aktuell, Mai 2009, S. 55

5.1. Der Prozess der Beschaffung von Dienstleistungen

Ebenso wie für Materialien ist für Dienstleistungen eine Beschaffungsplanung erforderlich. Das Motto „Besser schlecht geplant als gar nicht" oder „Wer nicht plant ist ein Verschwender" gilt auch für die Beschaffung von Leistungen. Da bei den Dienstleistungen u. a. die Lagerfähigkeit als Kriterium der Bedarfsrechnung entfällt, wird in den folgenden Ausführungen nicht auf die klassischen Methoden wie Bestandsrechnung, Verbrauchsgesteuerte Disposition o. ä. eingegangen. Die Schwerpunkte der Ausführungen bis Kapitel 5.8 liegen auf dem Focus der Dienstleistung.

Im Grunde unterscheidet sich der Beschaffungsprozess von Dienstleistungen nicht von dem der Güterbeschaffung. Einige Besonderheiten sind aber doch zu beachten, da bei Dienstleistungen keine Stücklisten (es sei denn für Beistellungen) hinterlegt sind und auch eine Materialklassifizierung nicht unbedingt greift. Die zu beschaffende Dienstleistung und das Ergebnis, welches damit erreicht werden soll, sollten spätestens bei der Bedarfsermittlung genau beschrieben sein.

Auch ist selten die Möglichkeit einer Standardisierung gegeben, da Dienstleistungen heterogen und sehr individuell auf den Kunden zugeschnitten sind und die Leistungserstellung eng an das ausführende Personal und das Kundenpersonal gebunden ist. Anfrage und Angebot sind zeitlich eng miteinander abzustimmen, da Dienstleistungen im Vorfeld nicht gelagert werden können und nur bedingt testbar sind. Der Kunde ist von dem „Informationsversprechen" des Anbieters abhängig und legt somit einen Vertrauensvorschuss in den Vergabeprozess.

5.2. Entstehung des Bedarfes

Grundsätzlich kann der Bedarf von Dienstleistungen in enger Verknüpfung mit der Produktion (Produktionsplan) entstehen (z. B. gekoppelt am Primärbedarf oder mit dem Verbrauch/Verschleiß von Sachgütern oder Anlagen) oder auch unabhängig davon ausgelöst werden. Auch eine Koppelung mit einer auftragsbezogenen Disposition ist möglich. Bei der bedarfsorientierten Beschaffung wird diese nur ausgelöst, wenn ein konkreter Bedarf vorliegt. Leistungen können im Bedarfsfall auch „Just-in-Time" zum Tragen kommen. Die Bedarfsermittlung bedient sich der Fragen, was wird wann und in welchem Umfang benötigt?

Wichtig ist, dass der Bedarf rechtzeitig und vollständig an den Einkauf gemeldet wird. Dies geschieht i. d. R. über eine Bedarfsmeldung (Banf) des Anforderers (Bedarfsträgers) und ggfs. ergänzenden Informationen. Mit Eingang der Bedarfsanforderung (Banf) beim Einkauf sollten alle vorgelagerten Prozesse wie Kontierung, Freigabe- und Bewilligungsverfahren etc. abgeschlossen sein.

5.3. Definition des Bedarfes

Unbefriedigende Ergebnisse (Angebote) aus Anfragen resultieren häufig auf unpräzisen Bedarfsbeschreibungen. Umso präziser die Bedarfe definiert werden desto besser und zielgerichteter sind die Angebote der Dienstleister. Dies führt auch dazu, dass im Angebotsvergleich nicht „Äpfel mit Birnen" verglichen werden. Der Bedarf kann in unterschiedlicher Art und Weise definiert werden. Dazu müssen ergänzend auf den Dienstleistungscharakter abgestellte Qualitätsmerkmale, Arbeitsanweisungen, Checklisten, Prüfungen, Dokumentationen für die Identifikation und Rückverfolgbarkeit bis hin zu Teilleistungen, Beistellungen und Korrekturmaßnahmen berücksichtigt werden.

5.3.1. Beschreibung

Bei der Beschreibung sollten ausgewählte Eigenschaften der zu beschreibenden Realität (Dienstleistung) klar, verständlich und umfassend dargestellt werden. Die Funktionen, Aufgaben und Verantwortlichkeiten dürfen dabei genauso wenig fehlen wie die Methoden und Werkzeuge, mit denen gearbeitet werden soll. Mit den so definierten und quantifizierten Merkmalen (Prüfmethoden, Toleranzwerte etc.) kann die Dienstleistung nach Erbringung durch den Auftraggeber geprüft und abgenommen werden. Abgerundet wird die Beschreibung mit der Definition der Informationssysteme, dem Informationsfluss und der Nennung der Schnittstellen. Noch nicht vollständig gelöst ist die Dienstleistungsbeschreibung für den elektronischen Datenaustausch.

Als Beispiel Unterhaltsreinigung in Gebäuden: **Reinigen des Fußbodens in Gebäude A.** Dies reicht nicht! Folgende Informationen sind notwendig, um ein gewünschtes Ergebnis auch zu erreichen: Soll nur besenrein gereinigt werden? Ist der Boden vorher trocken zu fegen und danach nass zu reinigen? Ist manuell zu reinigen oder soll ein entsprechendes Gerät eingesetzt werden? Soll der Boden behandelt werden (bohnern, shampoonieren etc.), welche Reinigungsmittel sollen eingesetzt werden? In welchen Intervallen und wann soll gereinigt werden? Genaue Lage (Ort) an der die Leistung zu erbringen ist einschließlich Leistungsverzeichnis/Raumverzeichnis (Raumbuch).

5.3.2. Lastenheft, Pflichtenheft

Lastenheft
Das Lastenheft (Requirements specification) enthält gemäß DIN 69 905, VDI/VDE 3694 die Gesamtheit der vom Auftraggeber festgelegten Forderungen an die Lieferungen und Leistungen eines Auftragnehmers im Rahmen eines Auftrages (Was soll erreicht, was gemacht werden? Wofür soll etwas gemacht werden?). Die Anforderungen im Lastenheft sollten durch ihre Formulierung so allgemein wie möglich und so einschränkend wie nötig gehalten werden. Damit hat der Anbieter die Möglichkeit, seine optimale Lösung auszuarbeiten und anzubieten.

Die Forderungen werden üblicherweise in Muss-Forderungen, Soll-Forderungen und Kann-Forderungen unterteilt. Das Angebot eines Bieters, welches eine vorgegebene Muss-Forderung nicht erfüllt, scheidet sofort aus dem Bieterverfahren aus. Damit ist die Muss-Forderung ein KO-Kriterium bei Nichterfüllung. Die Anbieter haben die Change, sich bei den Soll- und Kann-Forderungen von den Mitbewerbern quantitativ oder qualitativ abzuheben.

Pflichtenheft
Das Pflichtenheft (System or transform specification) beschreibt die Realisierung des Produktes bzw. der Leistung durch den Auftragnehmer (wie und womit will er das Produkt / Projekt realisieren?). Bei der Erstellung des Pflichtenheftes muss der Auftragnehmer alle gültigen gesetzlichen Vorschriften und Normen beachten.

Nach DIN 69 901-5 enthält das Pflichtenheft die „vom Auftragnehmer erarbeiteten Realisierungsvorgaben aufgrund der Umsetzung des vom Auftraggeber vorgegebenen Lastenheftes". Das optimale Pflichtenheft sollte flexibel und im Wesentlichen verbindlich sein.

Tipp: Achten Sie auf die genaue Definition / Zuordnung der beiden Spezifikationen. Erfahrungen zeigen, dass oftmals auch in der Technik die beiden Hefte falsch benannt (vertauscht) werden. Ohne eine besondere Vereinbarung ist es Ihre Aufgabe als Besteller, ein Pflichtenheft anzufertigen. Unterlassen Sie dieses und verpflichten Sie den Lieferanten nicht dazu, braucht er Ihnen nur einen dem Stand der Technik entsprechenden <u>mittleren</u> Ausführungsstandard zu liefern.

5.3.3. Leistungsverzeichnisse

Leistungsverzeichhisse enthalten eine genaue (strukturierte) Beschreibung der Leistungen und sind eine der Grundlagen für Dienstleistungsverträge. Unvollständige und ungenaue Leistungsverzeichnisse sind oft eine typische Schwachstelle bei Verträgen und leider nicht selten vorzufinden. Eine vollständige und genaue Beschreibung der zu erbringenden Leistungen nach Art und Menge, soweit als möglich erfolgsbezogen und nicht tätigkeitsbezogen, ist eine Minimalanforderung an gute Leistungsverzeichnisse. Leistungsverzeichnisse können z. B. als Anlage zu einem Standardvertrag über Facility Management Leistungen in die Rubriken Leistungsverzeichnis für die kaufmännische Bewirtschaftung, Leistungsverzeichnis für die technische Bewirtschaftung und Leistungsverzeichnis für die Flächenbewirtschaftung unterteilt werden.

Bei Verbänden, Institutionen, Behörden oder Partnerbetrieben sind „Standard- bzw. Musterleistungsverzeichnisse" und Musterverträge für unterschiedliche Gewerke erhältlich, die gegebenenfalls den individuellen Bedürfnissen angepasst werden können.

Leistungsverzeichnisse, die ausschließlich durch die technischen Fachbereiche erstellt wurden, sind kritisch zu betrachten. Sie sind oft nicht aus bereichsübergreifender Sicht erstellt worden und berücksichtigen oftmals die logistischen, kaufmännischen und rechtlichen Hintergründe nicht ausreichend. Dem Einkauf obliegt hier die Prüfungspflicht.

5.4. Ausschreibungsprozess

Mit der Entscheidung, Leistungen in Form einer Anfrage auszuschreiben, stößt der Anfrager ein Verfahren zur Angebotsabgabe und die Vergabe von Aufträgen im Wettbewerb an. Die Anfrage kann sowohl bedarfsabhängig als auch bedarfsunabhängig (z. B. Informationsanfrage) erfolgen.

Insbesondere für individuelle Bedarfe, welche ein hohes Beschaffungsvolumen, einen hohen Wert, einen hohen Grad an Spezialisierung, ausreichend Anbieter sowie eine ausreichende Nachfragemacht haben, ist das Ausschreibungsverfahren geeignet.

Nach Festlegung des Anbieterkreises (Einkauf und evtl. Vorschlag des Anforderers) können in der Anfrage auch zusätzliche Kriterien wie qualitäts- und umweltrelevante (DIN, ISO-Normen, Richtlinien etc.) oder preisrelevante wie Target Bidding, integriert werden. Für sensible Beschaffungsobjekte sollten nur freigegebene/auditierte Lieferanten (Liste freigegebener Lieferanten) angefragt werden.

Die Form der Ausschreibung sollte innerhalb eines Unternehmens einheitlich (in Systemen hinterlegte Vorlagen) sein. Hilfsinstrumente wie die „DIN SPEC"[38] o. a. können nützlich sein. Die Inhalte von Ausschreibungen müssen eindeutig und vollständig sein sowie den Compliance-Regeln und Gesetzen im In- und Ausland genügen. Neben der Information, was ausgeschrieben wird (Ausschreibungsgegenstand, Titel), beginnt die Ausschreibung i.d.R. mit dem Allgemeinen Teil, den Leistungen des Auftragnehmers, den Leistungen des Auftraggebers und endet mit den kaufmännischen Bedingungen und Terminangaben (z. B. verbindlicher Angebotsabgabetermin). Dem Anbieter ist Gelegenheit zur Kommentierung (Alternativen, Verbesserungsvorschläge etc.) zu geben. Die Qualität der Ausschreibung bestimmt die Qualität der Angebote! Die Ausschreibung kann per Brief, Fax oder elektronisch (E-Mail, Internet etc.; Sendungsdaten in Word, Excel oder Access usw.) erfolgen und schließt mit der fristgerechten Angebotsabgabe.

5.5. Vergabeprozess

Nach Eingang und Erfassung aller Angebote beginnt der Vergabeprozess mit der formalen und materiellen/technischen Prüfung und dem Angebotsvergleich. Die materiell/technische Prüfung ist federführend durch den Anforderer, im Einzelfall unter Hinzuziehung anderer Fachbereiche wie F&E, Konstruktion, Logistik oder externen Fachleuten wie dem TÜV etc. durchzuführen. Für den kommerziellen und vertraglichen Teil zeichnet der Einkauf und wenn vorhanden, die juristische Abteilung,

---

[38] DIN SPEC ist der Oberbegriff für Standards, die vom Deutschen Institut für Normung e. V. herausgegeben wurden, aber nicht den Status einer DIN-Norm haben. Die DIN SPEC 1001 definiert bspw. Leistungen und Kennzahlen in der Lager- und Transportlogistik und ist als Hilfe bei Ausschreibungen gedacht. Die DIN SPEC 1041 bietet ein standardisiertes Vorgehen beim Outsourcing von IT- und wissensintensiven Dienstleistungen (www.dinspec1041.de) und ist insbesondere für KMUs hilfreich.

verantwortlich. Alle Angebote sind unter Berücksichtigung aller Kostenbestandteile auf eine einheitliche Preis-Leistungsbasis zu bringen. Offene Fragen zu den Angeboten sind im Vorfeld intern und mit den Anbietern zu klären.

Besondere Tatbestände wie Erstanbieter, Terminsicherheit, Technologieführerschaft, Budgetierung, Risikomanagement etc. sind vorurteilsfrei von allen am Vergabeprozess Beteiligten gemeinsam vor Verhandlung und Vergabe abzuwägen.

Die Entscheidung, Verhandlungen durchzuführen, ist auch unter dem Gebot des „angemessenen Verhältnisses von Aufwand an Zeit und Geld zum möglichen Erfolg" zu treffen. Daneben kann ein Verhandlungstermin ein „add on" zur Lieferantenpflege sein, eine Plattform der Marktinformation bieten oder auch zur Klärung von Fragen dienen, die auf persönlicher Ebene besser und schneller zu lösen sind. Der Kreis der Anbieter, mit denen verhandelt werden soll, ist festzulegen. Eine sorgfältige Vorbereitung (interne und externe Teilnehmer, Ort, Zeit, Fakten, Argumente, Dokumentation, Ziel, Strategie und Taktik etc.) bietet die besten Voraussetzungen für einen möglichen Erfolg. Die Verhandlung sollte mit einem von beiden Seiten unterzeichneten Verhandlungsprotokoll abschließen. Alle getroffenen Entscheidungen im Beschaffungsprozess sollten nachvollziehbar und revisionssicher dokumentiert sein.

Das Ergebnis der Endverhandlung fließt in die Bestellung ein. Dabei ist darauf zu achten, dass durch Antrag und Annahme ein rechtsgültiger Vertrag zustande kommt. Obwohl für die meisten Verträge Formfreiheit gilt, also die mündliche Form reichen würde, ist es aus Gründen der Vertragsklarheit und möglicher Beweislast empfehlenswert, die Schriftform zu wählen. Auf die für Dienstleistungen wesentlichen Vertragsarten wird im Kapitel 9. ff eingegangen.

Der gesamte Vergabeprozess innerhalb des Gesamtprozesses Einkauf sollte im Rahmen einer Vergabestrategie als verbindlicher, standardisierter Prozess, bspw. wie im Daimler-Konzern in Form einer Vergaberoadmap, abgebildet werden.

5.6. Leistungserbringung und Leistungsort

Die Leistungspflichten ergeben sich aus dem Vertragsverhältnis (gegenseitiger Vertrag) zwischen Auftraggeber und Auftragnehmer. Der Lieferant bzw. Dienstleister hat als Hauptleistungspflicht den Leistungsgegenstand (Sache, Dienstleistung) incl. Nebenleistungspflichten (z. B. Montage oder Demontage bei einer Kaufsache) zu erbringen. Weitere wichtige Leistungsmodalitäten sind die Leistungszeit und der Leistungsort. Dem Auftraggeber obliegt als Gegenleistungspflicht die Zahlung des vereinbarten Preises und/oder als Nebenleistungspflicht die Mitwirkungspflicht bei der Leistungsausführung. Als Nebenpflichten für beide Vertragspartner gelten z. B. vereinbarte Verschwiegenheits- und Informationspflichten. Der Auftragnehmer hat die vollständige Leistung, rechtzeitig und fehlerfrei, wie vereinbart, am Leistungsort zu erbringen.

Der Leistungsort (Erfüllungsort) ist der Ort, an dem der Leistungsschuldner (Auftragnehmer) die sich aus dem Vertrag ergebenden Leistungshandlungen vorzunehmen hat. Der Leistungsort hat eine wichtige rechtliche Bedeutung, da er auch einen Gerichtsstand begründet (Gerichtsstand des Erfüllungsortes).

Seit dem 01. Januar 2010 gelten neue Regelungen zum Leistungsort bei Dienstleistungen (place of supply rules), wenn grenzüberschreitende Dienstleistungsumsätze erbracht werden. Als **neue Grundnorm** gilt das **Empfängerortsprinzip** für Dienstleistungen an einen anderen Unternehmer für dessen Unternehmen (B2B-Umsätze), sofern keine davon abweichende Spezialregelung greift.

Der Leistungsort kann sich entweder am Sitz oder an einer Betriebsstätte des Leistungsempfängers befinden, wenn die Dienstleistung überwiegend an der Betriebsstätte ausgerichtet ist. Damit folgt die europäische Umsatzsteuer für Dienstleistungen innerhalb der Unternehmerkette dem Bestimmungslandprinzip.

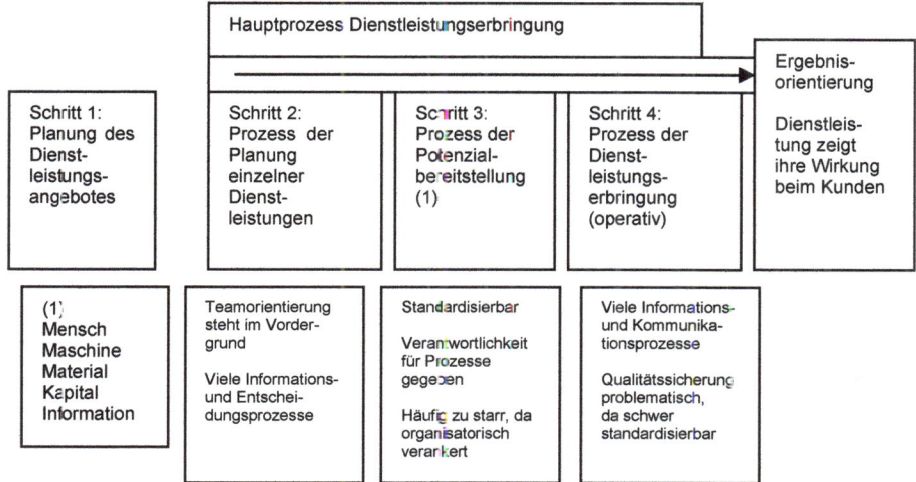

Abb. 7: Prozessdarstellung einer Dienstleistung

Der Dienstleistungsprozess beinhaltet die Phase der Leistungsbereitschaft (Aufbau des Leistungspotenzials) und endet mit der unmittelbaren Leistungserstellung unter Einbeziehung der externen Faktoren (Sachgüter, Energie, Kunde, Informationen, Rechte etc.).

Wichtig ist auch, wie der Kunde die Leistungserbringung erlebt. Die Qualität der Leistungserbringung ist der zentrale Punkt in der Wahrnehmung des Auftraggebers. Kundenorientierte Dienstleistungserbringung orientiert sich am Konzept „one face to the customer". Die Kundenbedürfnisse müssen durch die erbrachte Dienstleistung vollständig abgedeckt sein und tragen damit zur Kundenzufriedenheit bei.

5.7. Kontrolle, Prüfung und Abnahme

Kontrollen und Prüfungen bei der Dienstleistungsabwicklung sollten sowohl durch den Auftraggeber, als auch durch den Auftragnehmer stattfinden.

Der Auftragnehmer hat alle vorbereitenden Tätigkeiten und die Leistungsausführung auf Vollständigkeit, Arbeitsausführung und Termineinhaltung, im Rahmen der Vertragspflichten zu kontrollieren und zu prüfen. Dazu gehören seine Vorleistungen und auch Beistellungen des Auftraggebers, die Einholung von Genehmigungen und Freigaben (z. B. bei Behörden), die Steuerung und Abnahme von Leistungen durch Subunternehmer, die Unterbindung von Arbeitnehmerüberlassung, der Arbeitsfortschritt und die Einhaltung der Meldepflicht bei besonderen Ereignissen wie bspw. Baubehinderungen.

Die Kontroll- und Prüftätigkeit des Auftraggebers [39] erstreckt sich im Wesentlichen auf die vertrags- und sachgemäße Übergabe von Beistellungen (Räume, Medien wie Energie, Wasser, Druckluft etc., Informationen, Hard- und Software und sonstige Dienste), die Einhaltung von vereinbarten Terminen und Fristen sowie möglicherweise Vertragsstrafen, die Einhaltung von Budgets, die Einhaltung von Gesetzen und Verordnungen, eine ausreichende Versicherung des Auftragnehmers sowie den Leistungsprozess (Fortschrittskontrolle, Soll-Ist-Vergleich, Einsatzpersonal etc.) und die Abnahme des Leistungsergebnisses. In der Regel findet eine kontinuierliche Kommunikation zwischen den Vertragsparteien statt.

Das Thema Abnahme wird oft, nicht nur in kleinen und mittleren Unternehmen, mit seinen möglichen Folgen unterschätzt. So ist bei vielen Dienstleistungen eine formale Abnahme nicht üblich oder – selten – auch nicht möglich. Die Gründe dafür sind oftmals, dass eine im Vertrag geforderte Dokumentation noch nicht vorliegt, die Leistung noch nicht vollständig erbracht ist oder die Personalkapazität und Fachkompetenz des Auftraggebers nicht ausreichend zur Verfügung steht.

Mit der Endkontrolle und (erfolgreichen) **Abnahme** der erbrachten Dienstleistung schließt der operative Beschaffungsprozess. Fristen der Verjährung, Fälligkeit der Vergütung und Gewährleistungsansprüche beginnen mit der Abnahme.

---

[39] Vertiefend ist hierzu der Praxisband „Fremdleistungsmanagement" des Arbeitskreises Technische Revision, Betriebswirtschaftliches Institut Stahl, Düsseldorf April 2003, zu empfehlen, der den Prozess vom Bedarf bis zu Lieferungen und Leistungen bei Notfällen, aus Sicht des Einkaufs, der Instandhaltung und der Revision darstellt sowie Handlungsempfehlungen und Thesen dazu aufzeigt.

Wichtig ist, bei Dienstleistungsverträgen die entsprechenden Vereinbarungen (Abnahme etc.) gemäß VOB, BGB, einschließlich individueller Klauseln, mit aufzunehmen. Ebenso sind die Mitwirkungspflicht des Auftraggebers und Fragen der Beweislast vertraglich mit zu berücksichtigen.

Tipp: Erstellen Sie als Auftraggeber Ihr eigenes Abnahmeprotokoll. Legen Sie fest, wie Abnahmen zu erfolgen haben und wer zur Abnahme berechtigt ist. Behalten Sie sich Ihre Ansprüche wegen eventueller Mängel im Abnahmeprotokoll ausdrücklich vor, um sie nicht zu verlieren.

5.8. Abrechnung

Zur Einhaltung aller Termine, bis hin zur Zahlungsfreigabe, ist eine kontinuierliche Terminüberwachung erforderlich. Die Rechnungsprüfungsfunktion stellt sicher, dass ausschließlich berechtigte Forderungen (Rechnungen) beglichen werden. Weitere Aufgaben der Rechnungsprüfung sind die Überwachung von Boni, Skonti, Staffelnachlässen, Pönalen, Bestellwerten, Bürgschaften und der Zahlungstermine sowie Buchungen, Rechnungskürzungen und das Dokumentenmanagement. Grundlage dafür sind der Vertrag, das Leistungstestat und die Rechnung.

Die Rechnungsprüfung wird üblicherweise maschinell oder manuell durchgeführt. Zu empfehlen ist der Einsatz moderner, automatisierter Abrechnungssysteme, die auf elektronisch verfügbare Daten (Bestellung/Testate/Rechnung) zugreifen und diese miteinander abgleichen (z. B. innerhalb eines Workflows) sowie elektronisch archivieren. Vorteile sind ein geringeres Volumen an Papierbelegen, schnellere Bearbeitung, höhere Transparenz und eine Senkung der Fehlerrate.

Der Prüfungsumfang ist in Form von Verfahrens-/Arbeitsanweisungen/Richtlinien festzulegen, wobei das Wirtschaftlichkeitsprinzip beim Prüfumfang anzuwenden ist. Eine Besonderheit ist das Gutschriftsverfahren, wobei der Lieferant seine Forderung durch Einreichen der Leistungserfassung oder eines Lieferscheins stellt.

6. Prozessoptimierung

Die veränderten Rahmenbedingungen am Markt, ein harter Wettbewerb, einhergehend mit gestiegenen Kundenanforderungen, haben auch zu einer höheren Komplexität aller Geschäftsprozesse geführt. Diese müssen aber transparent, effektiv und effizient sowie beherrschbar bleiben bzw. werden. Die Prozesse müssen jederzeit an Veränderungen (z. B. Kundenforderungen, Gesetzesänderung) anpassbar sein und ihre Durchführbarkeit und Qualität ist kostengünstig zu gewährleisten. Damit wird auch dem Trend, weg von einer funktionalen Arbeitsteilung hin zu mehr objekt- und/oder prozessorientierter Organisation, d. h., ganzheitlichen Aufgabenbearbeitung, Rechnung getragen.

Es gilt, die gesamten Prozesse innerhalb der Supply Chain zu optimieren und aufeinander abzustimmen. Der Ansatz darf sich nicht darauf beschränken, lediglich Teilprozesse in den Focus zu stellen, sondern es bedarf einer Betrachtung der gesamten Wertschöpfungskette einschließlich ihrer internen und externen Prozessbeteiligten.

Um sich ein Bild über mögliche Potenziale machen zu können, bedarf es einer Ist-Aufnahme und Analyse (z. B. SWOT, Checklisten) aller Prozesse. Darauf aufbauend sind Ziele und Maßnahmen (Soll) zur Verbesserung abzuleiten. Alle nicht notwendigen, doppelten und nicht wertschöpfende Prozesse sind auf Reduzierung oder Entfall zu prüfen. Muda (Verschwendung) ist zu vermeiden. Dies setzt eine Kultur des Change Managements und ein durch die Unternehmensleitung gestütztes Prozessmanagement mit belastbaren Kennzahlen voraus.

Ziele sind bspw. bei Beschaffungs- und Logistikprozessen ein schnellerer Ablauf, klare und transparente Prozesse sowie eine effiziente Gesamtkostenstruktur bei einem hohen Lieferservicegrad. Dazu ist es erforderlich, Prozesse und Organisationen zu konsolidieren und zu straffen, Schnittstellen zu reduzieren, Prozesse zu standardisieren, die Disziplin zu erhöhen und alle Prozessbeteiligten frühzeitig in das Projekt einzubinden. Dies lässt sich im Rahmen einer nach „Lean-Procurement-Prinzipien" organisierten Beschaffung leichter bewerkstelligen.

Jedes Prozessdesign ist unter Berücksichtigung von *harten* Fakten aber auch den *weichen* Faktoren wie Unternehmens-, Führungskräfte- und Mitarbeiterkultur unternehmensspezifisch zu betrachten.

6.1. Benchmarking

Benchmarking ist, auch auf Basis der Umfragen von Unternehmensberatungen, eine der wirksamsten und effizientesten Managementmethoden. Dabei können Strategien, Produkte, Dienstleistungen und Prozesse gebenchmarkt werden. Internes und externes Benchmarking gelten als wirksames Instrument, Prozesse zu optimieren. Es geht darum, die eigenen Prozeduren mit denen der Besten zu vergleichen, zu begreifen und zu optimieren, aber nicht zu kopieren. Gemäß Peter F. Ducker: „Doing the right things – doing the things right".

Beim Benchmarking eingebunden werden sollten das Management, die Mitarbeiter und – wenn vorhanden – der Betriebsrat. Alle Beteiligten sind rechtzeitig über das Projekt zu informieren, Ressourcen sind bereitzustellen, geeignete Benchmarking-Partner auszuwählen und die Art des Benchmarking (Objekte) ist festzulegen. Für den Einkauf können dies bspw. der Vergleich von Einkaufskosten im Verhältnis zum Einkaufsvolumen, die Prozesskosten pro Bestellvorgang innerhalb eines Konzerns oder zu Mitbewerbern innerhalb einer Branche sein.[40]

Als hilfreich erwiesen hat sich das Vorgehen nach folgenden Phasen:

1. Ziele bestimmen
2. Interne Analyse erstellen
3. Vergleichen
4. Entscheiden (go oder stopp)
5. Maßnahmen festlegen (wenn Potenzial erkannt)
6. Umsetzen (implementieren und Ergebnisse controllen)

Ziel sollte es sein, besser als der Wettbewerb zu werden und den Kunden einen höheren Kundennutzen (mehr Wertschöpfung) zu bieten.

6.2. Best Practice

Aus der angloamerikanischen Betriebswirtschaftslehre kommend bedeutet *best practice* bewährte, optimale Praktiken, Methoden oder Vorgehensweisen in Unternehmen und versteht sich auch als *Erfolgsmethode*. Unternehmen oder Unternehmensbereiche, die sich nach *best*

---

[40] Der BME bietet beispielsweise einen Benchmarking-Service „Effizienz im Einkauf" zu unterschiedlichen Bereichen an. Weitere Ansprechpartner für Benchmarkpartner sind der VDMA oder unter www.benchmarkingforum.de und www.fhg.de zu erreichen.

practice ausrichten, orientieren sich an optimalen Prozessen, bewährten und kostengünstigen Verfahren und den besten Unternehmen am Markt.[41] Auch öffentliche Auftraggeber nutzen verstärkt den Vergleich mit den Besten, gefördert und prämiert durch das BMWI.

Folgende Faktoren tragen zur Steigerung der Einkaufsproduktivität bzw. Effizienz und somit zu *best practice* im Einkauf bei: Einsatz von eTools, Lieferantenstamm straffen und Bedarfe standardisieren, Rationalisierung, MGM und Lead-Buyer-Konzept einführen, Abschluss von Rahmenverträgen, gezielte Ausschreibungen, Anteil Beschaffung aus LCC (Low Cost Countries) erhöhen, Kennzahlen implementieren und den Einkauf organisatorisch direkt an die Geschäftsleitung anbinden.

6.3. Vergabe von Probeaufträgen

Mit der Vergabe von Probeaufträgen (Testaufträge) hat der Einkauf die Möglichkeit, Alternativlieferanten zum vorhandenen Lieferantenstamm aufzubauen und betreibt damit aktive Wettbewerbspolitik.

Dabei kann wie folgt strukturiert vorgegangen werden: 1. Systematische Identifikation von potenziellen Anbietern (Grundlage: Know-how der Mitarbeiter, Messen, Ausstellungen, Verbände und Referenzen. Betriebswirtschaftliche Überprüfung/Wirtschaftsauskünfte). 2. Lieferantenselbstauskunft, Lieferantenauditierung vor-Ort mittels eines Kriterienkataloges (Checkliste) und Beurteilung der Betriebsmittel. 3. Vergabe von Probeaufträgen und Bewertung des Ergebnisses.

Beide Seiten haben so die Möglichkeit, sich mit einem überschaubaren Risiko auf die gegenseitigen Abwicklungsformalitäten und Besonderheiten einzustellen. Dies ist auch eine Voraussetzung für eine bessere Kalkulationsgrundlage des Lieferanten.

Beispiel 6: Probeauftrag bei der Reinigung von Kühlelementen

Bei einem deutschen Konzern waren Reinigungsarbeiten an Kühlelementen (unterschiedliche Geometrien, Gewichte etc.) mittels Hochdruck-

---

[41] Eine Sammlung von Praxiserfahrungen aus Unternehmen bietet dazu der Band „Best Practice in Einkauf und Logistik", Hrsg. BME, 2. Auflage, Wiesbaden 2008.

reiniger ausgeschrieben. Da keine Erfahrungswerte vorlagen, wurden die Angebote auf Abrechnungsbasis Zeit und Aufwand zum Stundensatz abgegeben und, nach Verhandlung, ein befristeter Vertrag mit dem günstigsten Anbieter abgeschlossen. Nach 6 Monaten Leistungserbringung und Auswertung der Zeitnachweise, konnte mit dem Auftragnehmer ein Festpreis pro Kühlelement vereinbart werden. Die Kostenersparnis betrug rund 15 %.

6.4. Prozessaufwand und Prozesskosten

Um den Prozessaufwand und die Prozesskosten darstellen zu können, bedarf es einiger Voraussetzungen. Eine davon ist die Prozess- und Kostentransparenz. Oft ist es auch heute in vielen Unternehmen noch schwierig, die entstandenen Kosten klar und eindeutig den Verursachern (Kostenstellen, Kostenträgern, Geschäftsprozessen etc.) zuzuordnen.

Im Rahmen eines Prozesskostenmodells wird definiert, wie und wo die Kosten zu erfassen sind und den einzelnen Geschäftsprozessen zugeordnet werden. Für Umlagen wie Leitungskosten, Gemeinschaftsräume wie Kantine etc. ist ein Schlüssel oder eine Schätzung des jeweiligen Anteils auf den Einzelprozess zu finden. Durch Division der Prozesskosten durch die Prozessleistung (Dienstleistung, Güter etc.) erhält man einen Prozesskostensatz, der Auskunft darüber gibt, was es kostet, eine Einheit zu erstellen. Im Abgleich mit vorher definierten Zielkosten kann somit eine Treffergenauigkeit festgestellt und das Ergebnis analysiert werden. Auch lassen sich daraus notwendige Maßnahmen ableiten.

Die Durchlaufzeiten (Zeit- und Werteverbrauch) stehen unmittelbar im Zusammenhang mit der Qualität und den Prozesskosten. Hierauf ist, ebenso wie auf Zielgrößen und der Messbarkeit von Prozessleistungen, ein hohes Augenmerk zu richten. Mit der Ernennung eines Prozessverantwortlichen ist sichergestellt, dass dieser den gesamten Prozess überwacht, koordiniert und steuert. Vor Wahrnehmung seiner „Rolle" müssen folgende Punkte geklärt sein: Anforderungen, Aufgaben, Verantwortung, Kompetenzen und Befugnisse des Profilinhabers. Prozessaufwand- und Kosten müssen im gesunden Verhältnis zum Ergebnis (Ertrag) stehen. Bei den strategischen Zielen im Einkauf von indirektem Material, stehen Prozesskosteneinsparungen nach Prozessstandardisierungen laut einer Studie an erster Stelle.

6.5. Elektronische Prozesse (E-Business)

Gerade im Bereich der Bau- und Dienstleistungen wurde bisher oft noch mit manuellen Verträgen (Rahmenverträge, Abrufe etc.) gearbeitet. Eine Systemunterstützung fehlte oder wurde nur unzureichend genutzt. Eine wirtschaftliche, schnelle und wirksame Dienstleistungsbeschaffung bedarf aber einer anderen Voraussetzung.

Ziel sollte es sein, auch Dienstleistungen soweit wie möglich zu standardisieren, detailliert zu beschreiben[42] und so für E-Prozesse geeignet zu machen. Im Zuge eines SRM können so alle Einkaufsprozesse wie Ausschreibungstools, die Beschaffung und Verfolgung von Dienstleistungen, die Abwicklung von Freitextbestellungen, kataloggestützte Beschaffung von C-Teilen und das Vertragsmanagement elektronisch verknüpft werden. Verträge können so systemseitig erfasst, verfolgt und auf ihre Inhalte, Werte und Laufzeiten kontrolliert werden. Sie stehen somit dem gesamten Einkauf zur Verfügung.

Durch die Verbindung mit dem elektronischen Lieferantenmanagement (aktive und potentielle Lieferanten) haben die Lieferanten die Möglichkeit, sich auf z. B. webbasierten Plattformen um Aufträge zu bewerben. Nach Auftragsvergabe besteht die Möglichkeit, Rückmeldungen durch den Lieferanten nach Leistungserbringung elektronisch vorzunehmen und Leistungstestate des Auftraggebers einzustellen. Der Prozess der Leistungserfassung, -prüfung, -bezahlung und -auswertung wird dadurch stark vereinfach und beschleunigt (beim *Purchase to pay* werden alle Finanzprozesse automatisiert). Durchlaufzeiten und Prozesskosten verringern sich, die Transparenz erhöht sich und die Qualität der Kommunikation verbessert sich.

Deutsche Unternehmen nutzen verstärkt elektronische Beschaffungssysteme. Durch den Einsatz von Katalogsystemen werden bis zu 25 % der Prozesskosten gesenkt. Auf Ausschreibungslösungen entfallen 13 % und bei Auktionen sind es noch 5 %. Dies geht aus der jährlich erhobenen Studie von 2010 „BME-Stimmungsbarometer Elektronische Beschaffung" hervor. Bei den Einstandspreisen sind Einsparungen von 5 % - 10 % beim voll integrierten E-Procurement nicht ungewöhnlich. Aber Achtung: E-Tools und Prozesse müssen aufeinander abgestimmt sein.

---

[42] Siehe auch Absatz 5.3 ff in diesem Buch.

7. Dienstleistungsqualität und Controlling

Erst mit der Leistungserbringung (Leistungsergebnis) kann der Kunde die Qualität messen und prüfen, ob sie seinen Ansprüchen gemäß dem Leistungsversprechen (Angebot) und der Bestellung entspricht. Der Qualitätsbegriff bei Dienstleistungen ist subjektiv geprägt. Dienstleistungsqualität ist meistens das, was der Kunde darunter versteht.

Mit der Vereinbarung von Qualitätsstandards werden Qualitätskriterien (z. B. auf Basis von Normen) festgelegt, die eine gleich bleibende Leistungsqualität auf einem hohen Qualitätsniveau für jeden Dienstleistungsprozess sicherstellen sollen. Diese dienen auch der *objektiven* Messung. Bei Zielabweichungen sind entsprechende Maßnahmen zur Nachjustierung anzustoßen.

Entwickelt aus der Kostenrechnung bedeutet Controlling heute im weitesten Sinne Planen, Steuern und Überwachen der unternehmerischen Tätigkeit mit Hilfe von Informationssystemen, betriebswirtschaftlichen Daten (Kennzahlen) und Analysen und kann als Subsystem der Unternehmensführung verstanden werden. Daraus ableiten lässt sich das Einkaufs-Controlling als integrierte Führungskonzeption für die Einkaufsleitung, um damit den Einkauf ergebnisorientiert zu steuern.

7.1. Messung der Leistungserbringung

Die Leistungserbringung und das Leistungsziel sind, je nach Leistungsart, während der Leistungserbringung und am Ende zu kontrollieren und zu messen. Dafür sind vom Auftraggeber geeignete und entsprechend qualifizierte Mitarbeiter auszuwählen, mit Befugnissen für definierte Verantwortungsbereiche auszustatten und mit Benutzerberechtigungen für elektronische Systeme (Leistungserfassung und Datenübermittlung) zu versehen. Eingesetzte Messmittel sollten kalibriert sein.

Kontrolliert und gemessen werden können beispielsweise Mengen und Massen, eingesetzte Kapazitäten, Qualitäten, Geräte, Einsatz von Subunternehmern, Leistungstests, Soll-Ist-Größen und die Termineinhaltung.

Die Ergebnisse (Ist) der Messungen der tatsächlich gegebenen Realitäten müssen mit den Vorgaben (Soll) des Auftraggebers übereinstimmen. Die Messergebnisse sind revisionssicher zu dokumentieren und zwischen Auftraggeber und Auftragnehmer abzustimmen.

7.2. Kriterien zur Bewertung der Leistung

Bei der Auswahl von Dienstleistungslieferanten ist die Unsicherheit über die Leistungsfähigkeit vor Vertragsabschluss groß. Oft fehlen nach der Beauftragung eindeutige Kriterien für die Bewertung der vom Lieferanten tatsächlich geleisteten Qualität. Ein weiterer Punkt ist, dass eine objektive Bewertung der erbrachten Leistung kaum möglich ist, da sie teilweise von subjektiven Maßstäben beeinflusst wird.

Die Frage ist also, welche Informationen und Kriterien sind notwendig, um die Qualität von Dienstleistungen bewerten und sicherstellen zu können? Folgende Bewertungskriterien scheinen geeignet zu sein:

- Technische und wirtschaftliche Leistungsfähigkeit (materielle und technische Ausstattung, Kosten)
- Fachkompetenz (Planung und Leistungsausführung)
- Termintreue und Zuverlässigkeit (Absprachen werden eingehalten)
- Flexibilität und Schnelligkeit (reagieren auf Änderungen)
- Erscheinungsbild und Qualifikation der Führungskräfte und Mitarbeiter (Äußerlichkeiten / CI, Auftreten, Verhalten, Disziplin, Höflichkeit, Serviceorientierung)
- Kommunikation und Kooperation (für den Auftraggeber erreichbar, Problemverständnis, „Chemie" muss stimmen, Schnittstellenmanagement, Zusammenarbeit)
- Dokumentation (zeitnah, vollständig, nachvollziehbar, transparent, plausibel)

Leistungsbeurteilungskriterien sind ein *Muss* im Rahmen eines erfolgreichen Service- und Dienstleistungsmanagements.

7.2.1. Preisbestandteile

Für den Auftraggeber (Einkauf) ist es unter dem Gesichtspunkt des Preis-Leistungs-Verhältnisses wichtig, zu wissen, ob die erbrachte Leistung ihren Preis wert ist. Dazu müssen Kalkulationskenntnisse vorhanden sein, um die Stückkosten eines Halbfabrikates, einer Ware oder auch einer Dienstleistung berechnen zu können. Die Angebotskosten beinhalten i.d.R. die Herstellkosten (Lohn, Geräte, Kosten für Fremdleistungen und Materialkosten) zuzüglich der Selbstkosten (allgemeine Geschäftskosten und Wagnis und Gewinn).

Im Vertrag und in der Beschreibung muss festgelegt sein, was genau durch den vereinbarten Preis abgegolten wird. Welche Nebenleistungen gehören zum Leistungsumfang und sind durch den Preis abgegolten, was wird gesondert vergütet? Wie verhält es sich mit Fremdleistungen durch Subunternehmer. Ist dafür ein Aufschlag vereinbart? Wie werden durchlaufende Posten (Energie, Porti, Abgaben etc.) finanziert?

Im Rahmen einer Einkaufspreisanalyse stehen folgende Quellen bzw. Instrumente zur Verfügung: Lieferantenselbstauskunft, Lieferantenfinanzanalyse, Lieferantenbewertung, Schätzkalkulation, CBD, RFQ, Best Price Analyse, EIS, Preisstrukturanalyse, Funktionskostenanalyse und Risikoanalyse. Seit einigen Jahren gibt es Anbieter, die Instrumente bzw. Software für die Berechnung (Basis sind ca. 16 Kostenarten) von Zielkosten/Preisen (Target Costing) anbieten, auf deren Basis mit dem Lieferanten die weiteren Aktivitäten, wie Verhandlungen, stattfinden.[43] Bei der BMW Group ist im Zuge des Wandels des Einkaufs vom reinen Dienstleister zu einer Instanz, die auf Vorstandsebene angesiedelt ist, das Thema Cost Engineering von hoher Bedeutung. Als Teil des Beschaffungsprozesses unterstützt Cost Engineering den Blick des Einkaufs auf den Wertbeitrag in der gesamten Prozesskette.[44]

7.2.2. Kalkulationsparameter

Parameter sind charakterisierende Eigenschaften, Kenngrößen oder auch Kennzahlen, bspw. in der Technik und im Ingenieurwesen eine be-

---

[43] Die Costdata AG hat zum Beispiel, in Zusammenarbeit mit Willi Muschinski von der Hochschule Niederrhein, eine Kalkulationssoftware speziell für Dienstleistungen entwickelt. Damit wird eine höhere Transparenz und bessere Basis für Einkaufsentscheidungen im Dienstleistungseinkauf geschaffen.
[44] Vgl. V. Haßmann: Einkäufer als Kosteningenieure, in: Best in Procurement (BIP), Frankfurt März/April 2011, S. 34 ff.

stimmte Eigenschaft technischer Anlagen oder Komponenten. Es kann sich bei Parametern aber auch um Steuerungsgrößen oder um Einflussfaktoren handeln, die von außen auf ein betrachtetes Objekt einwirken.

Da jedes Unternehmen und jede Dienstleistung ihre eigenen „Gesetzmäßigkeiten" haben, wirken unterschiedliche Parameter (z. B. Kundenforderungen, Rechtsänderungen) auf die Leistungserbringungsphase und Kalkulation (Vor- und Nachkalkulation) ein und beeinflussen so den Preis. Mit einer eigenen Vergleichskalkulation – entsprechende Kenntnisse vorausgesetzt – kann ein Abgleich zum Dienstleister erfolgen.

7th2nd3rd Total Cost of Ownership (TCO)

Nicht der "billigste" Preis zählt, sonder unter TCO-Gesamtbetrachtung, der wirtschaftlichste. Dies kommt auch für Dienstleistungen zum Tragen, die neben den Gütern verstärkt global angeboten werden.

So sind auch bei Dienstleistungen die Gesamtkosten bei der Vergabeentscheidung zu betrachten. Dazu gehören ebenso die Qualitäts- und Logistikkosten. Auch das Personal und das Equipment, das für die Leistungserbringung benötigt wird, muss von A nach B und zurück transportiert werden. Genauso müssen die Aufwendungen für Qualitätsmaßnahmen, Infrastrukturkosten und für die Gewährleistung von Prozesssicherheit berücksichtigt werden.

Im Gegensatz zu dem *reinen* Preisvergleich von Alternativangeboten, wird beim TCO versucht, alle Kostentreiber zu erfassen und zu bewerten. Daraus ergibt sich eine Gesamtkostenbetrachtung, die auch die Folgekosten mit berücksichtigt.

7.2.4. Kennzahlen

Dem Einkauf stehen eine Reihe von Kennzahlen zur Messung der eigenen Leistung (Performance) sowie der Messung der Lieferantenleistung zur Verfügung. Im Rahmen dieses Werkes stehen nur die Kennzahlen für Lieferantenleistungen im Focus.

Folgende Kennzahlen sagen etwas über die **Leistung** aus: Komplexität (Zahl der Produkt- und Dienstleistungsvarianten), Kooperationsintensität (Menge ausgetauschter Daten/Informationen), Flexibilität (Umstellungszeit auf Änderungen), Qualität (Fehlerrate, Reklamationsrate), Effizienz (Supply-Chain-Zykluszeit), Effektivität (Anteil auftragsbezogener Leistungen), Geschwindigkeit (Gesamtleistungszeit), Termineinhaltung (Termintreuegrad) und Kooperationsgüte (Vertrauensindex). Weitere Kennzahlen lassen sich aus der Produktivität, dem technischen Know-how und der Leistungsfähigkeit des Dienstleisters ableiten.

Kennzahlen, die sich auf **Kosten** beziehen: Abstimmungskosten (Kosten der Informationssysteme und des Informationsaustauschs), Qualitätskosten (durchschnittliche Fehlerkosten pro Leistungseinheit) und Prozesskosten (Supply-Chain-Gesamtkosten).

Kennzahlen sollten einfach, aussagefähig, wirtschaftlich und eindeutig sein und sind ein Baustein des Einkaufs-Controlling zur Messung von Einkaufskosten und -leistungen sowie der Dienstleisterperformance.

7.2.5. Sonstige Bewertungskriterien

Sonstige Bewertungskriterien können sich aus System- und Prozessaudits, KVPs, Wertanalysen (möglichst nach DIN 69 910) zwischen Auftraggeber und Dienstleister, dem Arbeits- und Umweltschutz, Fertigmeldungen, Arbeits- und Stundennachweisen, Spezifikationen, Zeichnungen oder Zielvereinbarungen herleiten. Auch Interviews und Fragebögen können als Informationsquelle für Bewertungen dienen.

Ein wichtiger Punkt, dem leider von Dienstleistungsanbietern noch unzureichend Aufmerksamkeit geschenkt wird, ist guter Service und die Kundenberatung. Diese Serviceleistung kann die Kommunikationsqualität verbessern und erhöht somit die Kundenbindung.

7.3. Controllinginstrumente zur Leistungsmessung

Controllinginstrumente kommen vor und während der Leistungserbringung sowie am Ende der Leistungsphase zum Einsatz. Für den Einkauf wichtig ist die ABC-Analyse, um sich beispielsweise auf Bereiche und Dienstleister mit wirtschaftlich hoher Bedeutung zu konzentrieren.

Um ein ganzheitlich, unternehmensübergreifendes Tool zu nutzen, bietet sich auch die Implementierung eines unternehmensweiten Data Warehouse an, mit dem Transparenz über Zahlungen an Lieferanten geschaffen wird. Auch die Entwicklung der Einsparziele, heruntergebrochen auf Beschaffungsfelder und Unternehmenseinheiten, lassen sich so, durch monatlichen Vergleich von Zielen und Ist-Zuständen, darstellen.

Quellen für Daten aus dem operativen Leistungsbereich sind z. B. Tagesberichte, Stundennachweise und die Fortschrittskontrolle. Besonders die schon beschriebenen Kennzahlen können als Unterstützung von Planungs-, Kontroll- und Optimierungsfunktionen eingesetzt werden. Was nicht oder nicht richtig gemessen wird, kann auch nicht verbessert werden.

Erwähnt werden sollen auch die Instrumente des strategischen Controllings wie die Potenzialanalyse, die GAP-Analyse, der SERVQUAL-Ansatz (service quality) nach Parasuramann/Zeithaml/Berry, die Portfolioanalyse und das Konzept der Erfahrungskurve („Boston-Effekt"), auf die aber hier nicht näher eingegangen wird.

7.4. Zusammenarbeit mit Dienstleistern

Die beste Dienstleistung ist nur die Hälfte wert, wenn es zwischen dem Auftraggeber und dem Auftragnehmer in der Zusammenarbeit nicht richtig läuft oder schlimmstenfalls sogar „kracht".

Viele Lieferanten konzentrieren sich *nur* auf ihr Produkt (Dienstleistung) und vergessen darüber, dass gerade Schwächen in der Zusammenarbeit den Erfolg beeinträchtigen können. Eine gute Zusammenarbeit setzt voraus, dass der Dienstleister die Wünsche und Besonderheiten seiner Kunden kennt und diese bei der *reinen* Dienstleistungsabwicklung mit berücksichtigt. Alles muss „Hand in Hand", also reibungslos, laufen.

7.4.1. Kommunikation

Kommunikation findet ständig statt. Entweder verbal oder nonverbal. Betrachtet man den Menschen als Kommunikationseinheit, so ist er grundsätzlich Sender und Empfänger zugleich. Erst wenn die Meldung (Nachricht) des Senders vom Empfänger bestätigt wird, haben wir die Gewissheit, dass wir nicht aneinander vorbei geredet haben.

Woran mangelt es nun oft in der Kommunikation zwischen den Parteien? Da werden Informationen nicht oder nur teilweise weitergegeben. Der Kunde wird zu spät informiert oder die Information erreicht den falschen Adressaten. Ein Partner sagt etwas für ihn vollkommen klares und wundert sich, dass der andere nicht so handelt wie er dachte, weil der etwas völlig anderes verstanden hat. Wichtige Signale, bei denen Störungen in der Kommunikation drohen: 1. Sie werden ständig unterbrochen. 2. Sie kommen nicht zu Wort. 3. Das Gespräch ufert aus, das Ziel wird aus den Augen verloren. 4. Gegenseitige Anschuldigungen drohen das Gespräch mit Streit zu beenden.

Eine gute Vorbereitung und der Gedanke daran, dass nur ca. 15 % Inhaltsebene (rational) aber 85 % Beziehungsebene (Gefühlsebene) in der zwischenmenschlichen Kommunikation ausmachen, kann hilfreich in der Zusammenarbeit zwischen Dienstleister und Kunde sein.

Auch ist eine gute und effektive Kommunikation vor der Leistungserbringung und im Auftragsnachlauf notwendig, um umfassend auf die Kundenbedürfnisse eingehen zu können.

Eine Studie sagt aus, dass lediglich knapp 40 % der Firmen- oder Privatkunden den Unternehmen, mit denen sie zusammenarbeiten, bescheinigen, flexibel auf individuelle Bedürfnisse einzugehen. Dies liegt oft auch an mangelnder Kommunikation oder der unzureichenden Nutzung aller zur Verfügung stehenden Kommunikationskanäle. Dazu gehört beispielsweise der persönliche Kundenkontakt. Oder zwischen Prozess- und IT-Seite findet eine unzureichende Kommunikation statt, was zu Problemen bei der Umsetzung von CRM-Strategien führt.

7.4.2. Problemlösungsbereitschaft

Das Sprichwort „Wo gehobelt wird, fallen auch Späne" gilt auch heute noch in Zeiten von Qualitätsmanagementsystemen und KVP. Eine gute und vertrauensvolle Zusammenarbeit lebt auch von der Problemlösungsbereitschaft und -fähigkeit des Auftragnehmers. In Zeiten wo Produkte und Dienstleistungen sich immer stärker ähneln, kann die Fähigkeit der Problemlösungskompetenz ein Differenzierungsmerkmal gegenüber Wettbewerbern sein.

Wenn mit immer höherer Geschwindigkeit Produkte entwickelt, hergestellt und auf den Markt gebracht werden, steigt die Zahlt der Problemquellen überproportional. Bei der Lösung von Problemen bedarf es nicht nur der Fähigkeiten der eigenen Mitarbeiter, sondern verstärkt auch der Fähigkeiten der Lieferanten.

7.5. **Kundenzufriedenheit**

Die Markt- und Kundenorientierung gehören, neben der Innovation und den Mitarbeitern, zu den entscheidenden Faktoren innerhalb der Unternehmenspolitik, um sich gegenüber Wettbewerbern abzugrenzen und erfolgreich zu sein.

Die Wirtschaft lebt nicht von den Produkten und Dienstleistungen sondern von den Bedürfnissen, der Erwartungshaltung, dem Leistungsergebnis und der daraus resultierenden Kundenzufriedenheit bzw. der Kundenunzufriedenheit. Ist der Kunde mit der erbrachten Leistung zufrieden, wächst die Loyalität und eine positive „Mund-zu-Mund Propaganda" ist die Folge. Bei einer Unzufriedenheit kommen Beschwerden (Reklamationen), der Kunde meldet sich nicht (latente Unzufriedenheit ohne aktive Reaktion) oder es besteht die Gefahr der Abwanderung.

Ein aktives Beschwerdemanagement kann positiv zur Kundenbindung beitragen. Es benötigt siebenmal mehr Kosten einen neuen Kunden zu gewinnen, als einen „alten" Kunden zu pflegen! Also: Nehmen Sie ihren vorhandenen Kundenstamm nicht als gegeben hin.

Da jedes Unternehmen individuell organisiert ist und jeder Kunde individuell agiert, muss sich jedes Unternehmen die Frage stellen: Wie müssen wir uns organisieren, damit die Erwartungen/Wünsche des Kunden erfüllt werden können? Dazu müssen über jeden Kunden spezifische Informationen gesammelt werden und die Leistungsmerkmale der Dienstleistung auf jeden Kunden maßgeschneidert zugeschnitten werden.

Kundenorientierung muss überzeugend top down, vom Management bis zum Leistungserbringer vor-Ort, gelebt und vom Kunden so wahrgenommen werden. Kundenorientierung darf kein Lippenbekenntnis sein, fragen Sie ihre Kunden (CRM), wie zufrieden sie mit Ihrer Leistung sind. Das Bindeglied zum Kunden kann ein CRM-System sein, dass auch in der Dienstleistungsbranche an Bedeutung gewinnt.

7.6. Qualitäts- und Umweltmanagement

Für die Erstellung von Produkten und Dienstleistungen ist eine intakte Umwelt genauso wichtig, wie alle anderen Produktionsfaktoren. Ein Qualitäts- und Umweltmanagement kann dazu beitragen, die Anforderungen der Kunden an die angebotenen Produkte, Dienstleistungen und Prozesse sicherzustellen.

Dies führt auch dazu, eine gleichbleibende Qualität kostengünstig herstellen und anbieten zu können. Ausgegangen war diese Bewegung in den 60er und 70er Jahren von besonders zukunftsorientierten Unternehmen.

Die Bedeutung eines Qualitäts- und Umweltmanagements nimmt weiter zu. In vielen Branchen sind entsprechende Vorgaben die Voraussetzung, um als Lieferant zugelassen zu werden.

Besonders die Automobilindustrie hat sich schon sehr früh des Themas angenommen und mit der VDA-Schrift 6 (nach DIN ISO 9004 / EN 29004, vereinzelt auch auf Forderungen aus der DIN ISO 9001 / EN 29001), zunächst als Arbeitsgrundlage für die Bewertung der Qualitätssicherungssysteme innerhalb der Automobilindustrie gedacht, damit letztendlich auch eine Nutzungsbasis für andere Verbände geschaffen.

Daneben gibt es eine Reihe besonderer Zertifikate wie DIN EN ISO 9100, die auch als Nachweis für die strengen Qualitätsanforderungen in der Luft- und Raumfahrtindustrie dienen können.[45]

Auch sind QM-Systeme, die die Forderungen der ISO 9000-Reihe oder andere erfüllen, zunehmend Vertragsbestandteil zwischen Auftraggeber und Auftragnehmer. Zunehmende Bedeutung erlangen auch die Umweltmanagementsysteme (ISO 14000-Reihe), die als internationale Normenreihe maßgeblich in Europa Standards gesetzt hat. Auf freiwilliger Basis verpflichten sich die teilnehmenden Unternehmen, eine Umwelterklärung zu veröffentlichen und ein Umweltmanagementsystem einzurichten.

In Bezug auf Kundenzufriedenheit, wirtschaftliche Geschäftsprozesse und vorbeugende Fehlervermeidung ist die Einführung eines Total Quality Konzeptes (TQM) eine Herausforderung und ein Muss für jede Unternehmensleitung. Unterstützende Systeme (CAQ etc.) stellen innerhalb eines elektronischen Workflows dafür schnelle und durchgängige Prozesse sowie die lückenlose Dokumentation aller Daten sicher.

---

[45] Sicherheit, Risikobewertung und Rückverfolgbarkeit nehmen einen besonderen Stellenwert in der Luftfahrtindustrie ein. Die europäische ASD (AeroSpace and Defence Industries Association of Europe) hat ein eigenes Bewertungssystem EASE (European Aerospace Supplier Evaluation) für Zulieferer und Dienstleister entwickelt. Welche Bedeutung und Auswirkungen Zertifizierungen / Qualitätsmanagementsysteme für Lieferanten und Dienstleister haben, ist am Beispiel der Hoffman Group München und der MTU Maintenance im Sonderheft Beschaffung aktuell 2007, D. Zabota, S. 19 ff. dargestellt.

8. Potenziale und Risiken im Dienstleistungseinkauf

Wo Chancen (Potenziale) sind, lauern oft auch Risiken im Unternehmertum. Bevor die Chancen in Unternehmen und im Einkauf – speziell im Dienstleistungseinkauf – behandelt werden, erfolgt ein Überblick auf die Risiken. Dies ist auch deshalb erforderlich, weil auch nach den letzten Krisen viele Unternehmen immer noch nicht die Bedeutung eines Risikomanagements für die Unternehmensstrategie und -steuerung erkannt haben. Krisen und somit Risiken wird es aber weiterhin geben. Zahlreiche Statistiken, z. B. von Transparency International, geben einen Überblick über weltweite Vergehen und Rankings bei Bestechungen.

Eine der Definitionen aus dem italienischen Ris(i)co (Klippe, die zu umschiffen ist) findet sich neben anderen im Brockhaus. Risiko wird auch mit Gefahr oder Wagnis beschrieben. Im Chinesischen ist das Zeichen für Risiko das Gleiche wie für Chance. Die Risikowahrnehmung und -einschätzung wird individuell sehr unterschiedlich wahrgenommen.

Risiken lassen sich z. B. in drei Kategorien einteilen: Risiken der höheren Gewalt (Blitz, Sturm, Erdbeben etc.), politische und / oder ökonomische Risiken (Regierungswechsel, Finanzkrisen usw.) und Unternehmensrisiken wie Geschäftsrisiken (falsche Strategie, Organisation, Dienstleistung usw.), Finanzrisiken (Liquidität, Währung, Zinsen, Verluste usw.) und Betriebsrisiken (Struktur, Prozesse, Personal und IT).[46]

Risiken für Unternehmen liegen auch im größeren und härteren Wettbewerb, in der Gefahr sich zu verzetteln, in der Kurzsichtigkeit, in fehlender Transparenz, in unsicheren Planungsgrößen, in Subventionen und in der Schattenwirtschaft.

Chancen im Dienstleistungseinkauf: Studien haben ergeben, dass noch in rund 1/3 aller befragten Unternehmen die Beschaffung von Dienstleistungen individuell durch den Nutzer und nicht durch den Einkauf erfolgt. Besonders in den Bereichen Marketing, Personal,

---

[46] Siehe dazu und zum Folgenden, einschl. Artikel 8.1, auch D. Keitsch, Risikomanagement, Bad Soden 2007; C. Mauch und C. Seyfahrt, Einkauf in der Krise, München 2011; R. Vahrenkamp, C. Siepermann, Risikomanagement in Supply Chains, Berlin 2007; H. Hartmann, Modernes Einkaufsmanagement Bd. 15, Gernsbach 2007, S. 90 ff., PRTM Management Consultants GmbH Frankfurt a. M.: Flexibility in Times of Crisis 2009.

Beratung, FM, IT und Media ist der Einkauf vielfach außen vor. Auch fehlt bei rund der Hälfte der befragten Unternehmen ein systematisches und transparentes Verfahren zur Ausschreibung von Dienstleistungen, und 50 % schätzen das Volumen ihres indirekten Einkaufs um bis zu 50 % zu niedrig ein. Unternehmen verschenken so bis zu 20 % an Einsparungen. Probleme bei der Hebung der Potenziale liegen häufig an den „übermächtigen" Fachbereichen, mangelnde Organisationsstrukturen, fehlender Ressourcen durch überwiegend operatives Tagesgeschäft und fehlender Fachkompetenz beim Einkauf von indirekten Gütern und Dienstleistungen.

Im Rahmen eines Konsortial-Benchmarking hat das IPT (Fraunhofer-Institut für Produktionstechnologie) zusammen mit einem Industriekonsortium folgende Erfolgsfaktoren für Einkaufsorganisationen der Zukunft definiert: Wertschöpfung wird mehr und mehr durch den Einkauf betrieben. Prozesstransparenz als Basis für effiziente Beschaffungsvorgänge. Einkauf nur durch den Einkauf. Frühe Einbindung des Einkaufs zahlt sich auch im Nichtproduktivmaterialeinkauf aus. Der Einkauf als Treiber für Materialkostensenkungen in der Serie. Mit weniger Lieferanten zusammenarbeiten, dafür aber intensiver. Lieferanteninnovationen sind keine Selbstläufer. Angemessene Preise erfordern mehr als Kostentransparenz und Potenziale sind auch im Nichtproduktivmaterialeinkauf zu heben.[47]

Der Dienstleistungseinkauf hat hier die Chance, sich verstärkt neben dem Costbreaking, als Wertschöpfungstreiber zu etablieren.

8.1. Risikomanagement

Im Rahmen eines Risikomanagementsystems empfiehlt es sich, Compliance-Systeme (Code of Conduct etc.) zu implementieren, um auch den gesetzlichen Vorgaben (KonTraG, AktG, HGB etc.) der Organisations- und Überwachungspflichten nachzukommen und Verstößen vorzubeugen.

---

[47] Vgl. G. Schuh: Wie der Einkauf aus der Krise neue Stärke schöpft, in: Beschaffung aktuell, Leinfelden Juni 2010, S. 22 ff.

Dem Controlling und einer internen oder externen Revision sollte eine federführende Rolle im Risikomanagement zukommen.[48]

Für den Einkauf sind, neben den bereits ausgeführten Risiken, folgende Punkte von hoher Wichtigkeit: 1. Identifikation von Beschaffungsrisiken und Einordnung in Risiko- und Prioritätenklassen. 2. Prognose der Eintrittswahrscheinlichkeit von Risiken und Bewertung der möglichen Schäden. 3. Aufstellen eines Maßnahmenplanes zum Umgang (Steuerung) mit Einkaufsrisiken, Analyse und Ursachenforschung. 4. Errichten eines Frühwarnsystems zur Risikoprävention im Sinne des Corporate Governance sowie Risiko und Compliance Management (GRC). Folgende Bereiche von Risiken für den Einkauf lassen sich identifizieren: Lieferantenrisiken, Qualitätsrisiken, Finanz- und Kostenrisiken, Materialrisiken, Versorgungsrisiken, Länderrisiken, Vertragsrisiken (siehe Punkt 9. ff), höhere Gewalt sowie Prozess- und Personalrisiken.

Damit nicht erst im Einzelfall und unter Handlungsdruck die Frage geklärt werden muss, wie mit Risiken umzugehen ist, empfiehlt es sich, proaktiv, standardisierte Ablaufpläne bzw. Anweisungen einzusetzen.[49]

Laut BME verfügen nicht einmal 10 % aller Einkaufsabteilungen (noch weniger sind es im Mittelstand) über die nötigen Instrumente für ein professionelles Supply Risk Management. Ein wichtiges Instrument ist die Lieferantenbewertung incl. der finanziellen Situation, um die „kritischen" Lieferanten zu identifizieren. Am Markt befindliche Software und Dienstleister[50] bieten heute entsprechende Produkte an, um kurzfristig Risikoinformationen zu erhalten. Das können Negativmeldungen wie sich verschlechterndes Zahlungsverhalten, Zwangsversteigerungen oder Probleme bei der Zahlung von Löhnen- und Gehältern sein. Aber auch Leistungsschwankungen in der Qualität oder im Liefer- und Leistungstermin können sich als Risikoindikatoren herausstellen.

Wichtig ist es, sich ein eigenes Bild über die Risikosachlage zu machen, dabei kann bei wichtigen Lieferanten auch eine Bilanzanalyse dienen.

---

[48] Für gut 80 % der vom Fraunhofer IPA befragten Unternehmen gewinnt das Thema Risikomanagement an Bedeutung. Aber: Es fehlt noch an ausreichender, professioneller IT-Unterstützung, um die umfassenden Daten richtig händeln zu können.
[49] Vgl. Checkliste 2: Verfahrensanweisung Risikomanagement im Anhang.
[50] z. B. Firmenauskünfte über www.creditreform.de, www.dnbgermany.de.

Aktives Risikomanagement im Einkauf bedeutet: Risiko-Vermeidung, Risiko-Überwachung und Risiko-Verminderung, also permanente und flexible Risikobeherrschung. Dies auch im Sinne einer langfristigen (Lebensdauer) Lieferpartnerschaft. Einkaufsverantwortliche sind risikoavers, also dem Risiko eher abgeneigt, wie R. Pibernik und S. Moritz vom Supply Chain Management Institut (SMI) in einer Studie festgestellt haben.

8.2. Kosten- und Marktrecherchen, Informationsquellen

Kosten- und Marktrecherchen sowie das Aufspüren von geeigneten Informationsquellen gehören zum Beschaffungsmarketing. Dieses beschäftigt sich zum einen mit den internen Bedarfsträgern und zum anderen mit den externen Bedarfsbefriedigern (Lieferanten). Um seinen Beschaffungsaufgaben gerecht zu werden, benötigt der Einkauf Informationen über Märkte, Lieferanten, Beschaffungsobjekte (Güter, Dienstleistungen etc.) und über Mitwettbewerber.

Im Vordergrund stehen Informationen über das Liefer- und Leistungsangebot sowie die Kostensituation der Lieferanten. Daneben sind Flexibilitätsmerkmale, Sicherheitsaspekte (z. B. Termintreue, Bonität) sowie Technologie- und Innovationsfähigkeit weitere Merkmale, die für Kaufentscheidungen wichtig sind. Operativ sind die Informationsanfrage (klassisch oder über elektronische Plattformen etc.) sowie die Lieferantenselbstauskunft ein hilfreiches Instrument zur umfangreichen Informationsbeschaffung.

Beschaffungsmarktforschung ist eine strategische Aufgabe des Einkaufs und muss systematisch betrieben werden. Dazu eignen sich Informationssysteme, die individuell nach den Unternehmenserfordernissen gestaltet werden sollten und auf diverse vorhandene interne und externe Informationsquellen[51] (Primär- und Sekundärquellen) zurückgreifen. Eine Befragung durch das F.A.Z.-Institut hat ergeben, dass über die Hälfte der Einkaufsentscheider regelmäßig mit Hilfe von Business-Suchmaschinen im Internet nach neuen Anbietern von Produkten und Dienstleistern suchen. Analoge und digitale Informationsquellen sind nutzbar.

---

[51] Vgl. Checkliste 3: Übersicht (Auswahl) von Informationsquellen für den Einkauf.

8.3. Bündelung, Kooperationen, Netzwerke

Mit der *Bündelung* von Gütern und Dienstleistungen wird das Nachfragevolumen (der Nachfragewert) erhöht, um damit die Einstandspreise zu senken und die Prozess- und Logistikkosten zu optimieren. Bündelungen können innerhalb von Unternehmen erfolgen, z. B. bei dezentralen Konzerneinheiten oder bei Genossenschaften. Meist übernimmt ein Einkäufer mit dem größten Beschaffungsvolumen als Lead Buyer die Federführung und Organisation der Bündelungsaktivitäten.

Eine weitere Form ist die Bündelung der Nachfrage durch externe Dienstleister, die die Nachfrage mehrerer Unternehmen poolen. Zum Einsatz kommen dabei meistens webbasierte Lösungen.

Auch durch das Zusammenwirken von *kooperativ* agierenden Unternehmen, oft KMUs, lassen sich Bündelungsvorteile erzielen. Bei Einkaufskooperationen,[52] die versuchen, der Angebotsmacht eine gewisse Nachfragemacht entgegenzustellen, sind vor Zusammenschluss einige Punkte zu klären, um erfolgreich zu sein. Dazu gehören Antworten auf folgende Fragen: Was sind die Motive zur Zusammenarbeit? Sind ausreichend Ressourcen (Mensch, Budget, Organisation etc.) vorhanden? Werden klare, für alle verbindliche Ziele mit Zeiten definiert? Was sind die Erwartungen der Teilnehmer und wer genau wird benötigt?

Hilfreich für ein Gelingen sind auch eine neutrale Moderation und ein professionelles Projektmanagement. Nach Auswahl der geeigneten Beschaffungsobjekte ist eine klare Rollen- und Aufgabenverteilung mit einem entsprechenden Berichts- und Kontrollwesen erforderlich.

Grundlage für den Start ist eine abschließende Klärung der vertraglichen bzw. außervertraglichen Regelungen, des Informationsflusses, des Vertrauens untereinander sowie der Vertraulichkeit von Informationen und Transparenz in den Aktivitäten. Zuletzt: Wie wird der „Kooperationserfolg" aufgeteilt, wie wird mit Konflikten umgegangen und stimmen die Chemie und die Teamfähigkeit der Teilnehmer überein?

---

[52] Das E/D/E (Einkaufsbüro Deutscher Eisenhändler GmbH) mit ca. 1.400 Mitgliedern bietet, neben den Kernleistungen, seinen Mitgliedern auch ein Finanz-Rating und einen Betriebsvergleich (Benchmarking) als kostenlose Dienstleistung an.

Zuletzt nicht unerwähnt bleiben soll die Einkaufskooperation zwischen Lieferanten und einkaufendem Unternehmen. Als Grundlage dienen dabei Bedarfe, die beide Partner bei Dritten (Vorlieferanten) beziehen.

Bei allen Einkaufskooperationen sind kartellrechtliche Vorschriften zu beachten (Verbot von „Hardcore-Kartellen", Legalausnahme usw.).

Netzwerke (Networking) gewinnen an Bedeutung. Dieser Prozess wird auch durch neue Technologien und Plattformen gestützt. Je enger und besser der Einkauf vernetzt ist, umso besser kann er seine Funktion auch in schwierigen Situationen (Risikominimierung) wahrnehmen. Netzwerke bieten auch bessere Voraussetzungen zum Benchmarking mit Best in Class Unternehmen, wie unter Punkt 6.1 näher ausgeführt. Bei einem technologieorientierten Beschaffungsnetzwerk sind, neben den Chancen (Nutzenstiftung), auch die Risiken wie ein Know-how-Abfluss zu betrachten.

8.4. Maverick Buying

Maverick Buying (Bestellung ohne Freigabe durch den Einkauf) nimmt auch heute – leider – noch einen nicht zu verkennenden Anteil von „Bedarfsdeckung am Einkauf vorbei" ein. Es ist davon auszugehen, dass die Maverick-Quote des gesamten Beschaffungsvolumens immer noch im Durchschnitt bei ca. 15 % - 20 % liegt. In einigen nicht-klassischen Einkaufsfeldern wie Personal-, Marketing- oder Versicherungsleistungen liegt die Quote mit bis zu 80 % noch deutlich höher. Damit ist die teuere und ineffiziente Beschaffung, vorbei an Richtlinien und in der Regel bestehenden Verträgen, eine krisenverschärfende Angelegenheit in turbulenten Zeiten. Es bedarf der ausdrücklichen Unterstützung der Geschäftsleitung, das Maverick Buying zu unterbinden.

In einer Studie der Beratungsfirma Lünendonk wird aufgeführt, dass ca. 99 % der Beschaffung von Ingenieur-/Entwicklungsleistungen durch die Fachabteilungen oder die Geschäftsleitung erfolgen. Der Einkauf ist erst am Prozessende, zur Bestellauslösung, mit im Boot. **Also**: 99 Gründe für den Einkauf hier aktiv zu werden!

8.5. Einkaufsrichtlinien und Organisation

Neben den organisatorischen Fragen, wie und wo der Einkauf im Unternehmern optimal angesiedelt werden soll und wie die Aufgaben durchzuführen sind (Aufbau- und Ablauforganisation), müssen noch die „Spielregeln" für das Handeln festgelegt werden. Dies geschieht üblicherweise in Form von Stellenbeschreibungen, Arbeitsanweisungen und Richtlinien. Einkaufsmitarbeiter benötigen eine klare Vorstellung davon, was ihre Aufgaben sind, was sie nicht tun sollen bzw. dürfen und über was und an wen sie berichten sollen. Es geht also auch um Kompetenzen und Verantwortung sowie genügend Freiräume für kreatives und professionelles Einkaufen.

Unternehmen, in denen eine große Zahl von Einkaufsmitarbeitern mit einem sehr verzweigten Aufgabengebiet und unterschiedlichen Funktionen, an unterschiedlichen Standorten, Einkaufstätigkeiten zu erfüllen haben, setzen oft auch ein Einkaufs- oder Materialwirtschaftshandbuch als Führungsinstrument ein. Wichtig dabei ist die Aktualität der Inhalte und dass diese von den Mitarbeitern akzeptiert und gelebt werden.

8.6. Professionelles Verhandeln

Im Rahmen des Vergabeprozesses (Punkt 5.5) ist bereits auf wesentliche Punkte einer Einkaufsverhandlung eingegangen worden. Da aber aus der Erfahrung des Autors und aus dem feed-back vieler Einkäuferinnen- und Einkäufer aus Einkaufsseminaren hier noch Vieles im Argen liegt, dazu noch einige Ergänzungen:

- Der Informationssammlung und Verhandlungsvorbereitung (auf Themen und Personen) wird nicht ausreichend Priorität eingeräumt
- Oft werden die eigenen Ziele (Min-/Max-Ziele) nicht rechtzeitig vor der Verhandlung definiert
- Eine „mentale" Vorbereitung (gedankliches Durchspielen der geplanten Verhandlung) vor wichtigen Verhandlungen, findet mangels Zeit nicht statt
- Selbstmanagement und mentale Vorbereitung fehlen
- Den „nonverbalen" Signalen (Mimik, Gestik, Körpersprache, Blickkontakt) wird nicht genügend Aufmerksamkeit geschenkt

- Die Abschlussphase (positives Abschlussstatement, Verhandlungsprotokoll) und Nachbereitungsphase (was ist gut, was ist weniger gut gelaufen?) findet nicht oder nur ungenügend statt.
- Verhandlungstrainings intern und extern sind unzureichend
- Einkäufer/Einkäuferinnen sollten versuchen, sich in Verkäufer hineinzudenken und überlegen, was sie vom Verkäufer lernen können

Obwohl mittlerweile die Schulungen und Veröffentlichungen[53] zu Verhandlungstrainings für Einkäufer zugenommen haben, bleibt festzustellen, dass viele Einkaufsmitarbeiter, trotz langjähriger Einkaufstätigkeit, keine Weiterbildungsmaßnahme in diesem Bereich besucht haben. Auf der Gegenseite sitzen ihnen jedoch exzellent geschulte Verkäufer gegenüber. Da fällt es schwer, von ausgeglichenen Verhandlungsvoraussetzungen zu sprechen.

8.7. Dienstleistungen aus Lieferantensicht

Bevor die Sichtweise der Lieferanten zu Dienstleistungen thematisiert wird, noch einige grundsätzliche Ausführungen zum Spannungsfeld Produktion und Dienstleistungen unter volkswirtschaftlichen Gesichtspunkten. Auch wenn der tertiäre Bereich im Laufe der Jahre an Bedeutung gewonnen hat und der industrielle Bereich – auch durch Verluste in technologisch einfachen, arbeitsintensiven und standardisierten Feldern – durch Verlagerung ins Ausland Anteile verloren hat, so ist die Bedeutung der industriellen Produktion für Deutschland noch sehr hoch. Die wirtschaftliche Attraktivität liegt dabei vorrangig auf Hochtechnologien, der Beherrschung von Komplexität und einem hohen Spezialisierungsgrad.

Dienstleistungen eignen sich aus Lieferantensicht dazu, Wertschöpfung und Beschäftigung durch eine stärkere Verknüpfung industrieller Produktion mit Services, in Deutschland zu halten. Und dies, obwohl oder gerade, weil Deutschland als Hochlohnland gilt.

Als Grund ist die immer stärkere Differenzierung der Produkte – und den darin enthaltenen Dienstleistungen – zu nennen, wodurch der Dienst-

---

[53] Matthias Grossmann hat dazu bspw. einige für Praktiker gut verständliche und nachvollziehbare Werke, die viele Anregungen geben, veröffentlicht.

leistungsbedarf und Anteil im Herstellungsprozess steigt. Hinzu kommt die stärker werdende (Informations-)Verflechtung zwischen Kunden, Hersteller und Lieferanten sowie die zunehmende Bedeutung des Humankapitals (Wissen als fünfter Produktionsfaktor).

Die industriellen Betriebe sind zukünftig wohl nur noch im Paket mit begleitenden Dienstleistungsangeboten wettbewerbsfähig. Produktion und Serviceökonomie befruchten sich zum Wohle der Gesamtwirtschaft gegenseitig.

8.7.1. Die Dienstleistung als Kerngeschäft

Ist bei der zu erbringenden Leistung der Sachleistungsanteil (Güter etc.) nur gering oder gar nicht vorhanden, handelt es sich um eine Dienstleistung. Wird diese extern für andere Unternehmen oder für Dritte erbracht und überwiegen die Dienstleistungen am Umsatz oder werden gar ausschließlich vermarktet, bilden diese das Kernprodukt bzw. das Kerngeschäft. Man spricht auch von der Primärdienstleistung, wenn diese unabhängig von Sachleistungen am Markt angeboten wird. Bei der reinen Dienstleistung, die als eigenständiges Produkt angeboten wird, handelt es sich z. B. um Unternehmensberatung, Personalberatung, Seminarangebote, Reisen und Sportangebote im Fitnesscenter.

Mit der wachsenden Bedeutung der Dienstleistungen ist auch die Anzahl der Dienstleister und die Angebotspalette gewachsen. Dies rührt zum Einen daher, dass durch die steigende Nachfrage Neugründungen im Dienstleistungsbereich stattgefunden haben, zum Anderen, dass sich durch Mergers & Aquisitions (M&A) Unternehmenskonzentrationen in diesem Sektor ergeben haben. Dieser Trend wird sich weiter fortsetzten. Auch hat in den letzten Jahren ein Strukturwandel, hin zu mehr reinen Dienstleistungsunternehmen, stattgefunden.

8.7.2. Ergänzung zum Kerngeschäft (Systemlieferant)

Bei vielen produzierenden Unternehmen endet bisher die Produktverantwortung beim Kunden spätestens mit Auslaufen der Gewährleistung. Die Implementierung und der Betrieb von Geschäftsprozessen sowie der Service, einschließlich der Rückführung von Serviceinformationen in das

Engineering, haben (noch) eine geringe Bedeutung. Dies deutet nicht darauf hin, dass die Chancen eines ganzheitlichen „Life-Cycle-Managements" bereits erkannt wurden.

Üblich sind lediglich der Abschluss von Wartungsverträgen und deren Abwicklung. Serviceverträge mit vereinbarten Reaktionszeiten, Fernwartung, Dienstleistungen als Verkaufsförderung, Einführung neuer Dienstleistungen und das Angebot von weltweiten Servicedienstleistungen sind laut einer Auswertung des Maschinen- und Anlagenbaus an der Schwelle zum 21. Jahrhundert in „Service – Ihr Weg zum Erfolg" von CSC Ploenzke noch nicht üblich oder gar selbstverständlich.

Kunden fordern jedoch Problemlösungen und nicht nur ein Produkt mit lediglich angehängten Dienstleistungen. Dabei können gerade diese den entscheidenden Wettbewerbsfaktor (Vor- oder Nachteil) ausmachen.

Dass im Service- und Dienstleistungsbereich noch Potenziale schlummern, ist an folgenden Beispielen ersichtlich:

- Service – das neue Geschäftsmodell für den Maschinenbau. Experten empfehlen den Ausbau bestehender und den Aufbau neuer Services als lukratives Geschäftsmodell. Margen von 20 % - 30 % im Servicebereich sind durchaus üblich. (Hannover Messeinformation 2010)
- Bilfinger Berger: Verabschiedung vom klassischen Baugeschäft und Ausbau der Sparte Dienstleistungen (z. B. Wartung, Instandhaltung, FM-Dienstleistungen). „Dienstleistungen sind attraktiver" (G. Weishaupt, in: Handelsblatt 27.01.2010)
- Daimler will mehr am Service verdienen. Daimler sieht im Service rund um den Lastwagen zukünftig enormes Wachstumspotenzial und will mehr als die Hälfte des Umsatzes damit einfahren (S. Koller, B. Glebe, in: Hannoversche Allgemeine Zeitung 18.09.2010)
- Heidelberger Druck kündigt an, das Servicegeschäft auszubauen, um so die Ertragsbasis des Konzerns zu verbreitern und von der Konjunktur unabhängiger zu werden (G. Weishaupt, in: Handelsblatt 2010)

8.7.3. After-Sales-Gewinn

Die After-Sales-Phase gewinnt, auch unter dem Gesichtspunkt eines Product Lifecycle Managements (PLM), an Bedeutung. Wichtige Informationen über Kundenreaktionen von der Markteinführungsphase bis hin zu Reklamationen und Entsorgung eines Produktes fließen zusammen. Damit ist gewährleistet, dass alle Unternehmensbereiche einen Zugriff auf Produktdaten über den gesamten Lebenszyklus haben. Dieser Gedanke und die damit verbundenen Möglichkeiten sollten sich auch im Dienstleistungsbereich wiederfinden.

Das After-Sales-Management bietet erhebliche Geschäfts- und Gewinnpotenziale. So werden im Gütergeschäft (Anlagen, Maschinen etc.) mit dem Ersatzteil- und dem Servicegeschäft die Margen gemacht. Eine Studie der Impuls Management Consulting GmbH von 2010 dazu hat ergeben, dass im Maschinenbau eine Rendite von bis zu 5 % bei Neumaschinen, aber beim Ersatzteilgeschäft (60 % des Serviceumsatzes) bis zu 32 % Gewinn erreichbar sind. Für zeitgemäße Anbieter ist eine Profilierung und Differenzierung durch kundenspezifische und komplexere Serviceprodukte gegenüber ihren Mitbewerbern ein wichtiger Wettbewerbsvorteil.

Die vorgenannten Ausführungen lassen darauf schließen, dass gerade im Service- und Dienstleistungsbereich noch genügend Verhandlungspotenzial von Preisoptimierungen für den Einkauf vorhanden ist.

8.7.4. Dienstleistungsmarketing

Da sich die Dienstleistungen in wesentlichen Eigenschaften von den Sachgütern unterscheiden, ist es notwendig, auch bei der Vermarktung von Dienstleistungen, alle Marketingmaßnahmen besonders auf die Unterscheidungsmerkmale auszurichten. Mit dem Angebot von Dienstleistungen am Markt gibt der Anbieter ein Leistungsversprechen ab, dass erst mit der Ausführung vom Kunden auf seine Glaubwürdigkeit hin bewertet werden kann. Die Dienstleistung wird als selbstständige und marktfähige Leistung angeboten und beworben.

Um jedoch die Unsicherheiten eines Leistungsversprechens auszuräumen bzw. seine Leistungskompetenz zum Kunden zu transferieren, kann der Dienstleistungsanbieter zum Beispiel folgende Instrumente nutzen:

- Er verweist auf die bisherigen Erfolge (Ergebnisse, Preise, Auszeichnungen) und Kunden sowie Institutionen als Referenz
- Seine Firmenausstattung und die Mitarbeiter wirken seriös und kompetent
- Qualitäts- und Umweltmanagement werden hervorgehoben
- Er bietet belastbare Lösungsvorschläge für die zu erbringende Leistung an, dabei können Referenzprojekte (Nachweis des vorher-nachher-Zustandes durch Fotografien, Videos etc.) dienen
- Er legt eine Probe seiner Fähigkeiten und seines Könnens ab
- Er verweist auf jahrelange Geschäftstätigkeit und die Bonität des Unternehmens

Da die Mehrzahl der Dienstleistungen unmittelbar und oft sehr persönlich mit dem Konsumenten zu tun haben, muss der Leistungserbringer besonderen Ansprüchen an die Dienstleistungsqualität gerecht werden. Faktoren wie Kompetenz, Ausstattung, Ambiente, Erscheinungsbild (Auftreten) und Verhalten des Diensterbringers beeinflussen und prägen das Meinungsbild beim Kunden. Gelingt es dem Dienstleistungsanbieter, durch einen geschickten und glaubwürdigen klassischen Marketing-Mix (ergänzt durch Prozesse, Personen, physischem Beweis), sein Leistungsportfolio am Markt (Zielgruppe) als „Marke" mit einem hervorragenden Image zu etablieren, wird damit ein genereller „Basisvertrauensvorschuss" aus Kundensicht abgedeckt. Der Anbieter muss nicht jedesmal neu seine Leistungsfähigkeit im Vorfeld „beweisen".

Analog zur positiven Marktentwicklung der Dienstleistungen in den Volkswirtschaften wird sich der Focus auch in der Wissenschaft sicherlich vom „klassischen Marketing" zukünftig stärker hin zum „Dienstleistungsmarketing" orientieren müssen.

8.8. Neue Dienstleistungen

Neue und innovative Dienstleistungen sind für Dienstleistungsunternehmen genau so existenznotwendig wie neue Produkte für Produktionsunternehmen. Dabei sind der Blick und das Denken über den eigenen

Kompetenzbereich hinaus durchaus hilfreich. Die meisten Produkte und Dienstleistungen werden durch andere, komplementäre Güter und Leistungen beeinflusst. Diese Erkenntnis gilt es zu nutzen und neue Anwendungen und Geschäftsfelder für die Kunden zu kreieren.[54]

Im Anlagen- und Maschinenbau bedeutet dies z. B., ergänzend zum Produktgeschäft innovative Serviceleistungen, wie die neuen Remote Services, anzubieten, mit denen Maschinen per Fernleitung inspiziert und teilweise bei Ausfall wieder instand gesetzt werden können. Ergänzt durch neue Arten von Dienstleistungen, wie ein Störfallmanagement, welches 24 h/7 Tage/52 Wochen verfügbar ist oder Consultingangebote, soll eine Rundumbetreuung des Kunden gewährleistet sein und dieser an den Anbieter langfristig gebunden werden.

Insbesondere die neuen Medien und Technologien bieten erhebliches Potenzial für neue Dienstleistungen. So sind Übersetzungsleistungen via Internetplattform im Rahmen von Netzwerken oder per Dienstleister seit Ende 2000 neu auf dem Markt. Neu ist auch der Focus auf die Entwicklung und Anwendung von wissensintensiven Dienstleistungen, die sich u. a. in Finanz-, Personal-, Vertriebs-, Logistik oder technologischen Innovationsbereichen wiederfinden.

Auch der Bereich Elektromobilität wird, neben dem Fahrzeugangebot, neue Geschäftsfelder für Dienstleistungen, angefangen von der Finanzierung, den Softwarelösungen für die Kommunikation von Fahrzeug, Energie- und Leitsystemen bis hin zur Wiederverwertung, schaffen.

Bestehende Dienstleistungen sind zu pflegen und auszubauen. Nicht außer Acht gelassen werden sollte auch das Potenzial an Kunden, die sich bisher verweigert haben und Kunden, die das Leistungsangebot des Diensteanbieters bisher noch nicht wahrgenommen haben. Auch diese Zielgruppe sollte aktiv, mit entsprechenden Marketingmaßnahmen, als Kunden ins Boot geholt werden.

---

[54] In der März-Ausgabe 2008, S. 38 ff. des Fachmagazins Materialfluss war folgendes zu lesen: „Alternativen zum Kauf. Die Staplerhersteller vollziehen mehr und mehr den Wandel vom Hersteller zum Dienstleister. Hier spielen neben Leasing auch Rental- und Miet(Kauf)-Angebote eine wichtige Rolle".

9. Vertragsarten und Versicherungen

Grundsätzlich ist zu empfehlen, die Rechte und Pflichten von Auftragnehmer und Auftraggeber (Vertragsparteien) durch einen ausführlichen Vertrag, einschließlich möglicher ergänzender Geschäftsbedingungen, festzulegen. Ist dies nicht der Fall, werden diese durch die Typisierung nach BGB bestimmt bzw. mitbestimmt. Dazu werden einzelne Leistungen in Vertragstypen eingeordnet. Die vertragsrechtlichen Grundlagen beruhen auf der Privatautonomie im Vertragsrecht (Art. 2 Abs. 1 Grundgesetz) und gewähren Inhalts- und Abschlussfreiheit. Die Formfreiheit ergibt sich aus § 311 BGB, wobei die Ausnahmen von der Formfreiheit in den §§ 125 ff. BGB definiert sind.

Auch wenn Verträge also formfrei (mündlich) abgeschlossen werden können, sollte aus Gründen der Klarheit, Transparenz und Beweislast ein Vertrag im Geschäftsverkehr schriftlich (Schriftform) abgeschlossen werden, damit die Vertragsinhalte (Lieferungen, Leistungen, Entgelt etc.) juristisch und wirtschaftlich umfänglich abgesichert sind. Oft klafft auch eine Vertragslücke zwischen Kunde – Zulieferer – Dienstleister. Diese gilt es durch eine Verbesserung der Vertragsqualität und Vertragsbeziehung zu schließen.

Für manche Wirtschaftsbereiche (Finanzwirtschaft) wird eine „schriftliche Vereinbarung" zwischen den Outsourcing-Partnern, auch im Hinblick des Risikomanagements, vorgeschrieben.

Folgende wesentlichen Vertragstypen kommen bei Dienstleistungsverträgen in Betracht: Kaufvertrag * Werkvertrag * Dienstvertrag * Geschäftsbesorgungsvertrag.[55]

Besonders wichtig ist die Abgrenzung zwischen Werk- und Dienstvertrag einerseits und Arbeitnehmerüberlassung (AÜ) andererseits. Beim **Werkvertrag** verpflichtet sich der Auftragnehmer (Hersteller) zur Herstellung und Verschaffung des versprochenen (individuellen) Werkes d. h., er

---

[55] Vgl. K. Schmid, Verträge richtig abgrenzen, in: Beschaffung aktuell, Leinfelden August 2011, S. 24 ff.; siehe auch Claudia Zwilling-Pinna, Wartungs- und Dienstleistungsverträge, BME-Akademie ebenso Rechtshandbuch für die Einkaufspraxis, Kissing 2009; S. Schröder, Dienstleistungsverträge, BME und BGB.

schuldet dem Auftraggeber den Erfolg (§§ 631 ff. BGB). Der Auftraggeber schuldet dem Auftragnehmer dafür eine vereinbarte Vergütung. Der Werkauftragnehmer organisiert die für die Werkerstellung notwendigen Handlungen und den Einsatz der beteiligten Arbeitskräfte nach eigenem Ermessen. Die eingesetzten Arbeitnehmer unterliegen, als seine Erfüllungsgehilfen, seiner alleinigen Weisungsbefugnis.

Wenn der Entleiher Arbeitskräfte vom Verleiher wie eigenes Personal in seinem Betrieb einsetzt und diese ihre Arbeit allein nach den Weisungen des Entleihers ausführen, liegt Arbeitnehmerüberlassung (AÜ) vor. Die Vertragspflichten des Verleihers enden, wenn er die Leiharbeitnehmer ordnungsgemäß ausgewählt und sie dem Entleiher zur Verfügung gestellt hat. Er haftet nur für Verschulden bei der Auswahl der Leiharbeitnehmer.

Aus der Geschäftsanweisung zum AÜG der Bundesagentur für Arbeit (SP III 32-7160.4.1) können folgenden Punkte zur Prüfung „**Werkvertrag oder AÜ**" abgeleitet werden: Vertraglicher Wortlaut, exakte Beschreibung des Werkes, Weisungsbefugnis, Eingliederung in den Betrieb, Reihenwerkverträge, Gestellung von Betriebsmitteln (Arbeitsgerät), fehlende Kompetenz des Verleihers, Unternehmerrisiko, Gewährleistungsrecht, Vergütungsarten und die qualitative Gewichtung der maßgeblichen Abgrenzungskriterien im Rahmen einer wertenden Gesamtbetrachtung.[56]

Das BGB regelt in den §§ 611 ff. die vertragstypischen Pflichten und Rechte des **Dienstvertrages**. Damit ein Dienstvertrag vorliegt, müssen die geschuldeten Dienste vom Dienstleister entweder selbst oder durch seine Erfüllungsgehilfen erbracht werden. Er hat die Verantwortung für die Organisation, Disposition sowie die Durchführung einschließlich der Weisungsbefugnis. Seine Erfüllungsgehilfen sind weitestgehend frei von den Anweisungen des Auftraggebers.

9.1. Dienstleistungsverträge

Bei dem Dienstleistungsvertrag handelt es sich nicht um einen „juristischen Begriff", er ist nicht als Vertragstyp im HGB bzw. BGB hinterlegt. Er gehört also nicht zu den „klassischen" Vertragstypen des BGB. Bei

---

[56] K. Schmid, a.a.O., S. 24 ff.

den Wartungs- und Dienstleistungsverträgen[57] handelt es sich um Verträge, deren Zweck bspw. nicht die Herstellung und/oder Lieferung von Waren zum Inhalt hat, sondern immaterielle, nichtstoffliche Leistungen (Güter) die persönlich zu erbringen sind, Produktion und Verbrauch ergeben sich oft gleichzeitig (oder Zug um Zug).

Im Rahmen des Dienstleistungsmanagements ist folgendes rechtliches Umfeld besonders zu beachten: Inhaltskontrolle nach AGB-Gesichtspunkten der Vertragsunterlagen, AÜ, Entstehung und Nutzung gewerblicher Schutzrechte (Urheberrecht), Schwarzarbeit und freie Mitarbeit, Vorgaben nach dem Arbeitnehmerentsendegesetz und Besonderheiten des Outsourcing von Diensten (§ 613 a Betriebsübergang BGB).[58]

Typische **Vertragsbezeichnungen** für Dienstleistungsverträge in der Praxis sind der:

Agenturvertrag, Outsourcing-Vertrag, Bauvertrag, Fullservicevertrag, FM-Vertrag, Gebäudebewirtschaftungsvertrag, Wartungs- und Instandhaltungsvertrag, Lohnbearbeitungsvertrag, Montagevertrag, Servicevertrag sowie Hard- und Softwarepflegevertrag.

In diesen Verträgen können folgende typische Dienstleistungen **Vertragsgegenstand** sein:

Abrechnungsservice, Bank- und Versicherungsleistungen, Beratung, Bewachung und Sicherheit, Beförderung, Entwicklung, Entsorgungsleistungen, Forschung, Handel, Hotlines, Inspektion und Instandhaltung, IT- und Kommunikationsdienste (TK, Hard- und Softwarepflege, Programmierung), Lagerhaltung und Transport (HGB, ADsP), Montage, Planungs- und Architektenleistung, Reinigung, Reparatur und Wartung,

---

[57] Im Öffentlichen Vergaberecht gelten „Dienstleistungsaufträge" als Verträge über die Erbringung von Leistungen, die weder Bau- noch Lieferleistungen sind (§ 99 Abs. 4 Gesetz gegen Wettbewerbsbeschränkung/GWG).
[58] Neben dem nationalen Recht (BAG-Rechtssprechung) ist hier besonders auch das EU-Recht (EUGH) zu beachten. Bei der Verlagerung von Betriebsteilen (Outsourcing) im Dienstleistungsbereich sind vor allem die Rechte der Mitarbeiter gestärkt worden. Im Einzelfall kann eine schlichte Überlassung von Betriebsmitteln schon für einen Betriebsübergang reichen. Nicht der Vertragstitel, sondern der Vertragsinhalt und die Einzelfallbetrachtung zählen.

Reisemanagement, Schulung und Weiterbildung sowie Werbung und Marketing, um nur die Wesentlichen zu nennen.

Besonderheiten bei Dienstleistungsverträgen: Betriebsfremde Personen halten sich auf dem Werksgelände auf. Das Wertvolumen wird häufig unterschätzt (da oft lange Vertragsdauer). Abbildung, Beschreibung und Kontrolle der Leistungen sind nicht immer vollständig. Die Gestaltungsmöglichkeiten und das Missbrauchspotenzial sind hoch, da der Dienstleister große Freiräume hat, seine Preise, Konditionen, Arbeiten, Arbeitseinsätze (Festpreisaufträge und Leistungen nach Zeit und Aufwand „nebeneinander") und Pausen zu gestalten.

Bei häufigen und bedeutenden Bedarfen im Dienstleistungsbereich, empfiehlt es sich, für die Vergabe von Dienstleistungen separate „Allgemeine Einkaufsbedingungen für Dienstleistungen" zu erstellen.

9.2. Rahmenverträge und Kontrakte

Bei wiederkehrenden Lieferungen oder Leistungen von einem oder mehreren Lieferanten bzw. Dienstleistern bietet es sich an, mit diesen Rahmenverträge bzw. Kontrakte abzuschließen. In diesen werden üblicherweise grundsätzliche Aspekte (Zusammenarbeit, Vertragsdauer, Kündigungsfristen, Preise Konditionen, Qualitätsanforderungen sowie Liefer-, Leistungs- und Abnahmepflichten) der Zusammenarbeit geregelt. Oftmals ist dieser Vertragsart eine Präambel (Grundhaltung und Interessenlagen der Vertragspartner) vorangestellt. Im Rahmen der Kunden-Lieferanten-Beziehung wird auch vom Lieferantenkontrakt gesprochen.

Der Rahmenvertrag bzw. Kontrakt ist die verbindliche Basis (Dauerschuldverhältnis) für alle folgenden Einzelbestellungen oder Abrufe, in denen sich auf den Basisvertrag bezogen wird. In der Regel unterscheidet man zwischen Mengen-, Wert- und Zeitverträgen (Rahmenverträge, Kontrakte).

Einsatz finden Rahmenverträge bzw. Kontrakte als übergreifende Vereinbarung, auch in größeren Einkaufsorganisationen (z. B. Konzern), auf die dann alle Berechtigten zugreifen können. Der Vorteil ist die Bündelung von Bedarfen und der dadurch im Normalfall günstigere Preis sowie eine Harmonisierung von Einkaufsbedingungen mit demselben

Lieferanten oder Dienstleister. Auch Prozessvereinfachungen (Verringerung von Handlingsaufwand) in den Einkaufsabteilungen und eine bessere Absatzplanung beim Lieferanten gehören zu den Vorteilen. Entscheidend dabei ist, dass alle Bereiche verpflichtet werden, auf vorhandene Rahmenverträge bzw. Kontrakte zurückzugreifen, um die Vorteile nicht aufzuweichen und die bestehenden Verträge auszuhebeln. Kennzahlen, die sich aus Verträgen herleiten lassen, sind z. B.: Einkaufsvolumen durch langfristige Verträge oder auch die Abrufquote aus Rahmenverträgen.

9.3. Vertragschancen und Risiken

Je besser und eindeutiger ein Vertrag (Wahl der Vertragsart) und die Vertragsinhalte (präzise, konkret und vollumfänglich) gestaltet sind, umso geringer ist das Vertragsrisiko. Nur mit einem individuell zugeschnittenen Dienstleistungsvertrag werden i.d.R. die Kosten und Risiken im Griff gehalten. Doch nicht nur der Vertrag allein beinhaltet Chancen und Risiken, sondern auch die Art und Weise wie der Vertrag gelebt, d. h., die Vertragsinhalte in die Praxis umgesetzt werden.

Dieses setzt voraus, dass mindestens vertiefende vertragliche bzw. juristische Kenntnisse bei den Vertragsabschließenden vorhanden sein müssen. Im „Zweifelsfall" bietet es sich bei komplexen und bedeutenden Verträgen an, die juristische Unterstützung eines Anwaltes in Anspruch zu nehmen. Bei entsprechenden Einkaufsverträgen sollte ein Fachanwalt, der versiert im Einkaufsrecht ist, herangezogen werden. [59] Hilfreich können sich auch Musterverträge einschließlich Standardleistungsverzeichnisse für die einzelnen Dienstleistungsarten erweisen.

Dass die Vertragswahl (Art des Vertrages) auf die Leistungsart und die jeweiligen besonderen Rahmenbedingungen zugeschnitten sein sollte, zeigt sich auch an folgenden Beispielen:

Beim Dienstvertrag schuldet der Auftragnehmer die vereinbarten Dienste, aber keinen bestimmten Erfolg. Lediglich das Bemühen, die geschuldete Leistung („mittlerer Art und Güte) sorgfältig auszuführen,

---

[59] Siehe auch Kapitel 4.5.11 in diesem Buch.

reicht. Es besteht kein eigenes „Gewährleistungsregime", keine weitergehende Mängelrechte. Beim Werkvertrag ist der vertraglich festgelegte (versprochene) Erfolg zu erbringen. Davon hängen Zahlung, Gefahrübergang, Verjährung, Mängelrechte usw. ab.

Bei illegaler Arbeitnehmerüberlassung drohen Bußgelder und möglicherweise strafrechtliche Folgen. Ebenso sind sozialversicherungsrechtliche Rechtsfolgen negativer Art ein Risiko, wenn der Verleiher für die illegal überlassenen Mitarbeiter die Sozialabgaben nicht entrichtet hat. In diesem Fall haftet der Entleiher wie ein selbstschuldnerischer Bürge. Er hat die Beiträge an die Sozialkassen nachzuentrichten, wenn diese beim Verleiher nicht einbringlich sind. Ein zivilrechtlicher Anspruch des Entleihers gegenüber dem Verleiher ist oft mangels Masse erfolglos.

Auch das Thema Schwarzarbeit und Scheinselbständigkeit können sich auf das Vertragsverhältnis beim Auftraggeber auswirken. Dieser sollte sich vor Arbeitsaufnahme des Auftragnehmers den Freistellungsnachweis des Selbständigen vorlegen lassen und eine Kopie den Vertragsunterlagen als Nachweis beifügen.

Nicht vergessen werden sollte auch das Thema Unterbeauftragung (Subunternehmer) mit in den Vertragstext einzubinden, um eine Mitteilungs- und Genehmigungspflicht gegenüber dem Auftraggeber im Einsatzfall zu gewährleisten.

Abschließend sind die Mitwirkungspflichten des Auftraggebers (vertraglich vereinbart oder ungeschrieben vorhanden) zu beachten. Ein Verstoß dagegen kann zu einer Einschränkung der Verantwortung des Auftragnehmers führen. Den Auftraggeber trifft dann bei Mitverschulden ein teilweiser Ausschluss der Haftung des Auftragnehmers für mangelhafte Leistungen oder Nichteintritt eines geschuldeten Erfolges.

Unter dem Gesichtspunkt der Globalisierung liegen bei internationalen Verträgen oft Fehler bei der Wahl des Gerichtsstandes, der Wahl des geltenden Rechts, Fehler hinsichtlich der Allgemeinen Geschäftsbedingungen und unzulänglicher Schiedsgerichtsvereinbarungen vor.

Für den worst case sollte die richtige Vorgehensweise bei Terminüberschreitungen, Leistungsstörungen, Sachmängeln oder Schadenersatzvornahme und bei vorzeitiger Vertragsbeendigung geregelt sein.

Dabei kann auch ein aktives (IT-gestütztes) **Vertragsmanagementsystem** helfen, mit dem bspw. eine verbesserte Qualität und Risikobewertung durch eine effektivere Gestaltung von Verträgen ermöglicht wird. Weitere Vorteile sind: eine effiziente Anpassung von Verträgen an geänderte Rahmenbedingungen, eine automatische Terminerinnerung, die Darstellung von Vertragsverflechtungen, eine höhere Transparenz in der Lieferantenbeziehung, Compliance, Bilanz- und Revisionssicherheit, schnellere Reportings und Einsparungen beim Einkauf von Dienstleistungen. Das Contract Management schafft einen Überblick über bestehende Verträge und gewährleistet, neben einem Vertragsabgleich (Einkaufsvertrag – Einkaufsvertrag, Einkaufsvertrag – Verkaufsvertrag), die aktive Vertragsbegleitung aller Prozessschritte über den gesamten Vertragslebenszyklus.

9.4. Versicherungen

Neben dem eigenen Versicherungsschutz (Gebäude: Feuer, Blitz, Explosion, Leitungswasser; Inventar: Blitz, Explosion, Feuer; Haftpflicht gegenüber Dritten und der Berufsgenossenschaft), ist auch der Umfang der Versicherungen beim Auftragnehmer wichtig. Häufig ist es der Fall, dass Dienstleister nicht oder nur in begrenztem Umfang wegen Vermögensschäden versichert sind. Auch sind die Deckungssummen generell bei allen Versicherungsarten häufig viel zu niedrig.

Der nachstehende übliche Versicherungsschutz ist beim Dienstleister und dessen Nachunternehmer (Subunternehmer) zu prüfen und sich nachweisen zu lassen:

- Personenschaden
- Vermögensschaden
- Sachschaden und Sachfolgeschaden
- Betriebshaftpflicht
- Montageversicherung
- Baustellenversicherung
- Transportversicherung
- usw.

In den Vertragsklauseln des Auftragnehmers sind die kritischen Klauseln, wie der Versicherungsumfang, eine Begrenzung der Haftung (z. B. auf die Versicherungssumme) oder Haftungsausschlüsse zu beachten, zu bewerten, individuell zu verhandeln und vertraglich zu regeln.

10. Outsourcing

Outsourcing ist kein neues Thema. Schon seit Jahren werden weltweit Unternehmensprozesse, ja ganze Unternehmensbereiche ausgegliedert (Outsourcing), exportiert oder wieder eingegliedert (Insourcing) bzw. importiert. Seitdem Informationen, Güter und Dienstleistungen keine Grenzen mehr kennen und in allen Ländern Abnehmer und Produzenten finden, ist die Wertschöpfung mit qualifizierten Mitarbeitern überall möglich. Davon ist auch der Dienstleistungsbereich betroffen, der, auch durch zunehmende Standardisierung, globaler wird. 2008 betrug das geschätzte Volumen outgesourcter Geschäftsprozesse 18 Mrd. Euro.

Es herrscht eine Vielzahl von Begrifflichkeiten für den Business Process Outsourcing (BPO) vor. Nur um einige davon zu nennen: Value added Outsourcing, Shared Service, Offshoring, Co-sourcing, Application Outsourcing und Infrastruktur Outsourcing.

Beim Outsourcing ist die richtige Balance zwischen Kreativität, Qualität, Preis, Härte, Vertrauen und Flexibilität im Zusammenwirken mit dem externen Dienstleister zu finden, damit im Sinne eines partnerschaftlichen KVPs gemeinsame Synergien und Vorteile gewonnen werden können. Überzogene Versprechungen und Erwartungen auf beiden Seiten sorgen für Konflikte und nähren den Boden für erfolglose Outsourcingprojekte. Ein unabhängiger Berater kann hier vermittelnd wirken.

Auslagerungen werden weiter zunehmen. Sie gehören permanent zur Unternehmensstrategie und sind oft ein Teil der Firmenphilosophie. Diese muss aber ganzheitlich durchdacht sein, um Erfolg zu haben. Am weitesten fortgeschritten ist der Auslagerungsprozess im Bereich der IT. Die Bereiche Transport und Logistik liegen auf dem zweiten Platz. Der Bereich F&E liegt naturgemäß weit hinten.

10.1. Ziel und Zweck des Outsourcings

Was für die Produktion von Gütern gilt, selber produzieren oder fremd beschaffen, gilt auch für die bisher intern erbrachten Dienstleistungen. Outsourcing wird aus unterschiedlichen Gründen betrieben. Sei es zur Verschlankung der Unternehmensstrukturen, Prozesse effizienter gestalten, Steigerung der Flexibilität, Qualitätssteigerung, Kostensenkung,

Reduktion der Transaktionskosten, Beseitigung eines Investitionsstaus oder auch, um sich von Randgebieten zu trennen und sich stärker auf das Kerngeschäft konzentrieren zu können.

Bei allen im Beschaffungsportfolio[60] vorgenannten, outgesourcten Dienstleistungen ist es wichtig, dass die Schnittstellen klar definiert werden, die Systeme bei Systemunterstützung kompatibel und die Verantwortlichen auf Auftraggeber- und Auftragnehmerseite benannt und befugt sind. Mit der externen Lösung sollte mindestens eine gleich gute Qualität erreicht und eine kostengünstigere Alternative gefunden werden. Daneben ist der rechtliche Rückgriff bei Schlechtleistung oder bei Schäden i.d.R. besser möglich als bei eigenem Personal. Allerdings ist die direkte Einflussnahme auf ausgelagerte Eigenbereiche nicht mehr ohne weiteres möglich.

Entscheidend für den Erfolg (Renditestärke) ist die richtige Fertigungstiefe an der jeweiligen Produktionsstelle, einhergehend mit der maximalen Effektivität und Produktivität der Produktion im Unternehmen. Dies setzt voraus, dass jede Entscheidung hinsichtlich der Fremdverlagerung im Einzelfall – ohne Entscheidungsdruck – geprüft werden muss. Zur Kostensenkung und Prozessverbesserung kann sowohl gezieltes Outsourcing als auch Insourcing beitragen.

10.2. Make or Buy (MoB) Entscheidung

Da Make or Buy Entscheidungen intern und extern eine weitreichende Bedeutung haben, ist es notwendig, alle mittelbar und unmittelbar betroffenen Bereiche und Personen in den Entscheidungsprozess mit einzubeziehen. Dies ist erforderlich, um alle Fakten und Meinungen offen zu diskutieren, keine Brüche im Know-how stattfinden zu lassen und damit sicherzustellen, dass eine von allen Beteiligten getroffene Entscheidung auch von allen getragen wird.

Hilfestellung bieten Bewertungstools, die mit Pro- und Contra-Argumenten den Entscheidungsprozess zum Outsourcing (Buy) oder Verbleib (Make) im Unternehmen unterstützen. Eine gute Vorarbeit und die end-

---

[60] Siehe Kapitel 4.5 ff. in diesem Buch.

gültige Entscheidung obliegt aber im Einzelfall immer den Verantwortichen im outsourcenden Unternehmen.

Bei einer Buy-Entscheidung ist eine Strategie für den Prozess zur effizienten Partnersuche zu entwickeln. Geeignete Anbieter müssen gefunden und danach der Beschaffungs- und Umsetzungsprozess in Gang gesetzt werden. Neben den Ausschreibungsunterlagen sind die vertragsrechtlichen Aspekte und die Steuerungsmöglichkeiten des Outsourcingpartners durch wirkungsvolle KPIs wichtige Bausteine. Letztendlich müssen auch beim BPO die erforderlichen Erfahrungen erst gesammelt werden, um Outsourcing-Projekte erfolgreich zu gestalten. Das ist insoweit besonders wichtig, da laut Deloitte und Bearing Point knapp 40 % der befragten Unternehmen bereits einen Auslagerungsvertrag vorzeitig gekündigt haben oder Unstimmigkeiten auftraten. Auch Sicherheitsbedenken oder ein Know-how-Verlust sind große Unsicherheitsfaktoren, die sich auch auf Seiten der Einkaufsverantwortlichen bemerkbar machen.[61] Es gilt, alle Facetten einer Make or Buy Entscheidung zu berücksichtigen. Kurzfristige Überlegungen sollten dabei nicht im Vordergrund stehen.

Beim Outsourcing-Partner stehen für den Einkauf die organisatorische, wirtschaftliche und finanzielle Stabilität mit im Vordergrund. Nur so ist der Aufbau einer langfristigen Partnerschaft möglich und sinnvoll.

10.3. Der Beitrag von Lieferanten zur Wertschöpfung

Mit steigendem Zukauf von Gütern und Dienstleistungen steigt auch der Anteil der Wertschöpfung durch Lieferanten. Um jedoch dieses Potenzial optimal nutzen zu können, muss der Lieferant frühzeitig in den Wertschöpfungsprozess (Produktentstehungsprozess) eingebunden werden. Nur so ist sichergestellt, dass er die Möglichkeit hat, Ausführung, Qualität, Zeit und Kosten positiv mit zu gestalten. Und dies von der Produktidee bis hin zum After-Sales-Service.

Eine erfolgreiche Wertschöpfungspartnerschaft beruht auf Vertrauen, offener Kommunikation, einem Key Supplier Management und der

---

[61] Vgl. D. Zabota: Viele springen wieder ab, in: Beschaffung aktuell, Leinfelden, 4/2008, S. 6.

frühestmöglichen Einbindung (Earliest Supplier Envolvement) der Lieferanten.

Ist dies nicht der Fall, sind Informationsbrüche, Missverständnisse, Schlechtleistung, Nacharbeiten und eine „Wertvernichtung" statt Wertschöpfung vorprogrammiert. Es liegt in der Verantwortung des Einkaufs, gleich die richtigen Lieferanten als langfristige Partner auszuwählen. Die ausschließliche Überlegung „trial and error" ist hier fehl am Platz. Wesentlich für den Erfolg der Zusammenarbeit sind auch die Leistungspotenziale des Lieferanten und die Bindungsintensität zwischen den Partnern.

10.4. Die Lieferanten als Innovationsträger

Zuerst einmal muss die grundsätzliche Bereitschaft im Unternehmen vorhanden sein, externe Innovation – auch von Lieferanten – zuzulassen und zu fördern. Dies ist leider, auch in größeren Unternehmen, noch nicht überall der Fall. Dies muss verwundern, da bei abnehmender Fertigungstiefe und zunehmendem Kostendruck der Anteil und die Qualität an zugekauften Leistungen an Bedeutung gewinnt. Damit werden, trotz steigendem Innovationsdruck durch Kunden und Wettbewerbern, Chancen vertan, da Innovationen den größten Anteil am langfristigen Unternehmenserfolg und der Wettbewerbsfähigkeit beisteuern. So erzielen viele Unternehmen mit Produkten, die nicht älter als drei bis fünf Jahre sind, bis zu drei Viertel ihres Gewinns.

Besonders Know-how- und Entwicklungslieferanten verfügen über externes Wissen, dass im Rahmen des Lieferanten- und Beziehungsmanagements eng an das eigene Unternehmen angebunden werden muss, ohne sich dabei abhängig zu machen. Hier ist das „richtige" Maß an Integration und eine enge Interaktion gefordert.[62] Der eigene Entwicklungsbereich muss auch in der Lage sein, richtig zu spezifizieren (z. B. über Lastenhefte) und den Lieferanten technisch und organisatorisch zu

---

[62] In einer Studie haben C. Rink und S. M. Wagner folgende vier Handlungsfelder als erfolgskritisch für die Zusammenarbeit mit Lieferanten im Innovationsprozess beschrieben: 1. Der Integrationszeitpunkt, 2. Die Lieferantenbeziehung, 3. Die Methoden, 4. Das Lieferantenmanagement, „Eine Lieferung Ideen – Der Lieferant als Innovationsquelle", in: Beschaffung aktuell, Leinfelden August 2009, S. 20 ff.

begleiten. Konzeptkompetenz in der frühen Projektphase und Systemintegration in der Produktentwicklung sind Schlüsselfaktoren des beauftragenden Unternehmens, die weiterentwickelt und gepflegt werden müssen.

Der Einkauf hat, bei einer frühen Einbindung in den Ideen- und Entwicklungsprozess, die Möglichkeit, sein Markt- und Lieferantenwissen rechtzeitig mit einzubringen.[63] Dies gelingt umso mehr, wenn die nötigen Strukturen und Rahmenbedingungen wie Arbeitsumfeld, Freiräume, kreatives Denken, Innovationsmanagement, Datenbanken, Anreizsysteme, Managementunterstützung und Qualifizierungssysteme vorhanden sind. Somit kann er, proaktiv und cross-funktional, durch vielfältige Maßnahmen wie Lieferantentage, Innovationsworkshops und Leistungswettbewerbe, Innovationen aus dem Einkaufsbereich und von der Lieferantenseite (Innovationspotenzial), in das Unternehmen transferieren.[64] Erfolge benötigen eine Innovationskultur und ein ausgefeiltes Ideenmanagement, mit entsprechenden Prämien und Incentives, im Unternehmen. Dies gilt sowohl für externe Innovationen als auch für interne Verbesserungen.[65]

Nicht zu vergessen sind die Hochschulen, die als wichtige Quellen innovativer Unternehmensgründungen und der Entwicklung des Entrepreneurship dienen können. Google, StudiVZ, Facebook und andere innovative Unternehmen sind daraus hervorgegangen.[66] Es gilt, wissenschaftliche Ergebnisse schneller in Produkte und Dienstleistungen zu überführen und diese am Markt zu platzieren, um die „Time-to-market"-Phase zu verkürzen.

---

[63] Im besten Fall fungiert er auch als „Trendscout" und trägt innovative Ideen in das Unternehmen. So wurden der iPod und die elektrische Wegwerfzahnbürste durch Einkäufer, die die Innovationen von Lieferanten aufnahmen, in ihr Unternehmen gebracht. Siehe: J. Leendertse, Einkäufer als Trendscouts, Handelsblatt 4. Mai 2007, Seite 1.

[64] Als eines der Unternehmen, die die Bedeutung von Innovation und Einkauf erkannt hat, hat die REHAU GmbH 2006 für ihr Konzept „Innovationsmanagement im REHAU-Einkaufsnetzwerk" den „BME Innovationspreis" erhalten. Dieses beinhaltet auch Innovation-Days und Innovations-Scouts, die besonders aufgeschlossen und offen für neue Lösungen sind. Siehe: D. Lerch, Wo der Einkäufer Innovation ordert, Handelsblatt 4. Mai 2009, S. 84.

[65] Empfehlenswert zu dem Thema ist auch die Studie „Innovationsmanagement durch den Einkauf – Know-How von Zulieferern spart Zeit und Geld" vom Fraunhofer IPT und Ernst & Young, Frankfurt, Januar 2010.

[66] Reza Asghari in: studi 38.de, Seite 43.

Besonders für Service-Innovationen bedarf es einer klaren, auf sie zugeschnittenen Innovationsstrategie, da Services nicht völlig identisch mit den Merkmalen der Produkt- und Prozessinnovationen sind.

10.5. Lieferantenintegration und Schnittstellenmanagement

Nach dem Lieferantenfreigabeprozess erfolgt die Lieferantenintegration in die Geschäftsprozesse des beauftragenden Unternehmens. Wobei noch zwischen potenzielle (mögliche) Lieferanten und aktive (Sofort-) Lieferanten klassifiziert werden kann.

Alle Daten der Lieferanten werden in Form eines Lieferanteneinsteuerungsprozesses in die entsprechenden Systeme (ERP-System, Lieferantenportal, Lieferantenbewertungssystem etc.) übernommen und in die Businesprozesse eingebunden.[67] Diese sollten zentral und/oder dezentral gepflegt werden und allen Bereichen zur Verfügung stehen.

Dass ein Schnittstellenmanagement (Plan, Ausführung und Steuerung) für interne und externe Prozesse notwendig ist, wird keiner verneinen. Leider wird diesem Thema oft noch zu wenig Aufmerksamkeit geschenkt. Nach dem Motto „Fangen wir erst einmal an, der Rest wird sich schon geben", schlingert das Projekt oder aber die Zusammenarbeit der Beteiligten in das (vorhersehbare) Verderben, auch „Chaos" genannt. Mühselig, zeit- und kostenaufwändig wird dann nachgebessert und man lobt sich als „Weltmeister im Eskalationsmanagement". Die Ursachen aber bleiben.

Betrachtet man jeweils nur die Zielstellung der einzelnen Fachbereiche im Unternehmen und klassifiziert diese als Subziele, können sich daraus zwischen den Bereichen Interessen- und Zielkonflikte ergeben. Solange nur Suboptimierung die Messlatte ist und nicht über den Tellerrand geschaut wird, kann ein gesamtoptimales Ergebnis nicht erreicht werden. Erreicht wird das Optimum aber nur, wenn „vorgedacht", d. h., sauber geplant wird. Dies gilt ebenso für die Ziele, Schnittstellen, Integration

---

[67] Auf dem Markt werden entsprechende Systeme zur Integration von Lieferanten (mySAP SRM, APplus etc.) in die eigene Prozesslandschaft, für KMUs und Großunternehmen, angeboten.

und Zusammenarbeit mit den Lieferanten. Die Lieferantenintegration und -Bindung ist für den Einkauf von Dienstleistungen A-Beschaffung.

10.6. Lieferantenmanagement

Das Lieferantenmanagement (SRM) ist eine der wesentlichen, strategischen Aufgaben des Einkaufs, um die Lieferantenpotenziale optimal zu nutzen. Diese dienen dazu, die unternehmenseigenen Ziele wie Technologie-, Kosten-, Qualitäts- und Lieferziele optimal zu erreichen und damit die Kundenzufriedenheit zu gewährleisten. Dazu ist es erforderlich, alle Funktionsbereiche im Unternehmen innerhalb der Wertschöpfungskette optimal in den Lieferantensteuerungsprozess mit einzubinden. Nicht zu vergessen sind die Impulse der Kunden, die es gilt, in das Unternehmen hinein zu tragen.

Ein umfassendes und systematisches Lieferantenmanagement lebt von der Planung über die Umsetzung (Management der Lieferanten, Lieferantenauswahl-, Integration, und -Kooperation, Lieferantenentwicklung) bis hin zur Kontrolle und Bewertung, von der Qualität des Zusammenspiels aller Beteiligten im Unternehmen. Neben dem Einkauf müssen alle Beteiligten, die mit dem Lieferanten Kontakt haben wie Logistik, Qualität, Entwicklung, Produktion usw., ihr Statement, cross-funktional, für die Lieferantenbeurteilung abgeben. „One-face-to-the-supplier" findet leider, noch zu selten in Unternehmen statt.

Der Einkauf benötigt zuerst Transparenz über die Liefer- und Leistungsfähigkeit seiner Lieferanten. Zum Einsatz kommen dazu Methoden wie bspw. die ABC-/XYZ-Analyse und die Portfolio-Analyse. Dies stellt sicher, dass die Einkaufsressourcen auf das Wesentliche fokussiert werden und der Aufwand überschaubar ist, da die Daten für die Analysen größtenteils aus vorhandenen Systemen gezogen werden können. Hartmann unterteilt dabei nach der Marktbedeutung von Lieferanten und dem Einkaufsvolumen in Kritische-, Unkritische-, Schlüssel- und Hebellieferanten.[68]

---

[68] H. Hartmann, Lieferantenmanagement, 2. Auflage, Gernsbach 2010.

Eine systematische Lieferantenbewertung kann dann – auf Basis von Kennzahlen (Kriterien wie Lieferqualität, Integrität, Nachhaltigkeit etc. müssen festgelegt und können gewichtet werden) und Soft-Facts – ein wichtiger Baustein zur objektiven Messung der Lieferantenqualität sein. Die dafür notwendigen Daten sind vollständig, rechtzeitig und richtig zu erfassen. Ansonsten leidet die Aussagequalität. Die Ergebnisse (üblicherweise in Klassifikationseinstufungen A, AB, B und C) sind den Lieferanten zur Verfügung zu stellen und dienen als Basis für Kommentierungen und Gesprächen mit diesen. Mit dem Kennzahlensystem sind auch Vergleiche (Benchmarking) zu anderen Lieferanten bzw. Dienstleistern möglich.

Mittlerweile werden effiziente Informationssysteme am Markt angeboten, die sowohl für eine stetige Messung der Lieferantenperformance sorgen, als auch Trendprognosen in deren Entwicklung abbilden. Damit ist die Datenbasis für Entscheidungen zur gemeinsamen Weiterentwicklung der Geschäftsbeziehung, bis hin zur Trennung vom Lieferanten vorhanden.

Lieferantenmanagement ist immer auch ein „Kultur- und Beziehungsmanagement". Belastbare Beziehungen stellen sich nicht von heute auf morgen ein, sondern müssen wachsen. Ein „Fehlverhalten" kann, wenn es gravierend ist, die Beziehung schnell belasten. Hierauf sollte in der Kommunikation miteinander, auch im Tagesgeschäft, geachtet werden.

Diese Erkenntnis wurde bisher, auch im Zusammenhang mit der Lieferantenentwicklung und der Motivation von Lieferanten, zu wenig beachtet. Projektstudien haben ergeben, dass insbesondere die persönlichen Erfahrungen und sozialen Aspekte einen erheblichen Einfluss auf die Motivation von Lieferanten haben. Dies ist wichtig zu wissen, wenn eine intensive Zusammenarbeit, bis hin zur Kooperation, mit dem Lieferanten angestrebt wird.

Die Kooperation mit Lieferanten im Sinne einer unternehmensübergreifenden Wertschöpfungspartnerschaft muss über alle Führungsebenen gewollt und gelebt werden. Nur so ist eine langfristige Stabilität der Lieferanten-Abnehmer-Beziehung gewährleistet und der Vorteil einer „Win-Win-Situation" vermittelbar.

11. Zusammenfassung und Ausblick

Das sich der Einkauf in den letzten Jahren zu seinem Vorteil gewandelt hat, ist unbestreitbar. Noch wird ihm jedoch nicht überall der Stellenwert zugesprochen, der notwendig ist, um gemeinsam mit allen anderen Unternehmensbereichen sämtliche Potenziale eines Unternehmens zu heben. Bleibt zu wünschen, dass er dieses Ziel irgendwann erreicht. Dem Einkauf muss es, auch in einer sich abschwächenden Konjunktur und weiterhin unsicheren Finanzmärkten gelingen, eine stabile und international hervorragend funktionierende Supply Chain aufzubauen.

Ob sich Deutschland nach der Phase der „Dienstleistungswüste" zu einer „Dienstleistungswirtschaft" entwickelt bleibt offen. Notwendig ist es sicherlich, die Kompetenzen und Fähigkeiten der industriellen Produktion und des Handwerks zu erhalten und mit innovativen Produkten und Prozessen zu stärken, um im internationalen Wettbewerb weiterhin bestehen zu können.

Dienstleistungen und industrielle Güterproduktion bedürfen in der Zukunft ein stärkeres Miteinander statt ein Gegeneinander, um die Synergien, die damit einhergehen, als Mehrwert zu nutzen und diesen professionell, auch international, besser zu vermarkten.

Der Dienstleistungseinkauf kann hierbei eine Mittlerfunktion übernehmen und in der Innen- und Außenwirkung das Thema professionell vorantreiben. Es gilt, auch im Einkauf von indirektem Material und Services, alle Potenziale zu erschließen.

Dazu gehört auch, dass der Einkauf dafür sorgt, dass er in diesem Bereich qualifizierte und motivierte Mitarbeiter als Ansprechpartner für die Fachbereiche bereitstellt *(The talent challenge is not simply about retaining talent, but to be able to identify the right talent in the first place. Capgemini Consulting)*. Noch sind viele Einkaufsabteilungen und Mitarbeiter aber „materiallastig" aufgestellt und eine passende Hochschulausbildung fehlt noch weitestgehend. Erforderliche Qualifizierungen werden z. Z. überwiegend am Weiterbildungsmarkt angeboten.

Daneben ist die Beschaffungsorganisation kreativ und konsequent strategisch weiterzuentwickeln, um für zukünftige Herausforderungen optimal aufgestellt zu sein. Der Einkauf muss sich stärker im Innen- und Außenverhältnis vernetzen und vermarkten.

Der Dienstleistungssektor in Deutschland bietet von einfachen Arbeiten bis zu hochanspruchvollen Dienstleistungen viele Potenziale und wird weiter wachsen. Prognosen des DIHK gehen für 2012 von einem Zuwachs an Arbeitsplätzen von rd. 250.000, davon dem höchsten Anteil in der Dienstleistungs-Branche, aus.[69] Dazu passt die Aussage im Vorwort der Ausgabe 12/2011 Beschaffung aktuell. Marktforscher behaupten, die Dienstleistungsbeschaffung sei das „nächste große Ding", neben dem Vertragsmanagement und Purchase2Pay.[70]

„Mit dem Ausstieg aus der Industriegesellschaft muss der Einstieg in neue Tätigkeitsfelder der Dienstleistungsgesellschaft verbunden sein, sonst verspielt Deutschland seine Zukunft als Wohlstandsland." (Aus: Deutschland 2010, Horst W. Opaschowski, Zukunftsforscher).[71]

„Die künftige Stärke der deutschen Wirtschaft wird nicht zuletzt durch die Innovationskraft im Dienstleistungsbereich entschieden." (Wolfgang A. Herrmann).[72]

Lassen Sie mich mit einem Auszug aus dem Davoser Manifest von 1973 schließen:

„Berufliche Aufgabe der Unternehmensführung ist es, Kunden, Mitarbeitern, Geldgebern und der Gesellschaft zu dienen und deren widerstreitende Interessen zum Ausgleich zu bringen Die Dienstleistung der Unternehmensführung gegenüber Kunden, Mitarbeitern, Geldgebern und der Gesellschaft ist nur möglich, wenn die Existenz des Unternehmens längfristig gesichert ist. Hierzu sind ausreichende Unternehmensgewinne erforderlich. Der Unternehmensgewinn ist daher notwendiges Mittel, nicht aber Endziel der Unternehmensführung."

---

[69] Quelle: Braunschweiger Zeitung, ohne Verfasser, 26.10.2011, S. 7
[70] D. Zabota, Das nächste große Ding, in: Beschaffung aktuell, S. 3, Leinfelden Dezember 2011.
[71] Horst W. Opaschowski, Deutschland 2010, o. A.
[72] W. A. Herrmann, Service-Innovation, Executive Summary, S. 3, o. A.

Anhang

Checklisten aus der Praxis

Die Checkliste 1 ist ein Beispiel für ein Länder-Scoring zur Erschließung eines Beschaffungsmarktes und der Quelle „Beschaffungsmanagement" der Dr. Wieselhuber & Partner entnommen. Die Checkliste 2 ist in Anlehnung an einem Modell in einem Unternehmen der Automobilzulieferindustrie vom Verfasser entworfen worden. Mit der Checkliste 3 des Verfassers wird ein Überblick über Informationsquellen im Rahmen des Beschaffungsmarketings gegeben.

Checkliste 1: Beispiel für ein Länder-Scoring

Kriterien für Länderbeurteilung	Gewichtung	Land A Note (1-5)	Land A Summe	Land B Note (1-5)	Land B Summe	K.o.-Kriterien
Arbeitskräfte-Quantität	5		20		25	
Arbeitskräfte-Qualifikation	10		50		10	
Arbeitskräfte-Sprache	8		40		16	
Rechtssicherheit/Privateigentum	9		45		9	Erwerb von Privateigentum
Beschaffungsmarktgröße	4		8		12	
Lieferanten-Substitution	6		0		18	
Nachfrage-Konkurrenz	3		3		12	
Gewerkschaftsverhalten	6		18		6	
Staatliche Eingriffe	7		28		7	
Vorlieferanten-Struktur	9		45		9	
Infrastruktur für Logistik	10		50		20	48h-Service muß gewährleistet sein
Kommunikationsmöglichkeiten	10		50		20	Online-EDV-Anbindung
Technologie-Reife	2		8		0	
Finanz-Restriktionen	4		16		4	
Subventionen	5		10		20	
SUMME	100		391		188	Mindestens 60% von Inlandsbewertung!

Noten: 0 = nicht vorhanden 1 = sehr gering 5 = sehr gut

Checkliste 2: Verfahrensanweisung Risikomanagement – Notfallplan

1. Gegenstand / Zweck

Unsere Kunden erwarten von uns, neben der Erfüllung der Anforderungen an die gelieferten Produkte und Leistungen, auch deren ununterbrochene Verfügbarkeit. Durch unvorhersehbaren Ausfall von kritischen Produkten oder / und Lieferanten, kann die Verfügbarkeit gefährdet sein.

Diese Verfahrensanweisung beschreibt die Vorgehensweise bei unvorhergesehenen Ereignissen (Ausfall Produkte / Leistungen, Ausfall Lieferanten) und sichert damit unsere Abläufe / Liefer- und Leistungsfähigkeit, durch definierte Ausweichverfahren.

2. Geltungsbereich

Ausfall kritischer Produkte und Leistungen
Ausfall kritischer Lieferanten

3. Lieferanten für kritische Zukaufmaterialien / Rohstoffe / Leistungen

Die bei uns verwendeten zugekauften Materialien, Rohstoffe und Leistungen werden i.d.R. nicht im Single-Source-Verfahren eingekauft, d. h., es gibt Alternativlieferanten, die bei Ausfall des Erstlieferanten ersatzweise liefern können. Die Sicherheitsbestände werden seitens der Logistik gesteuert.

Im Eintrittsfall des Risikos werden die internen Fachbereiche (Logistik, Produktion, Qualitätsmanagement, Vertrieb und Geschäftsführung), je nach Eskalationsstufe durch den Einkauf informiert und die Maßnahmen abgestimmt.

Lieferanten und Dienstleister, die z. B. aus technischen Gründen als Single-Source-Lieferant gehandhabt werden müssen, sind im Einkauf gelistet und werden hinsichtlich ihres Liefer- und Leistungsverhaltens gesondert überwacht.

Von Single-Soure-Lieferanten wird ein schriftlicher Maßnahmenplan zum Risikomanagement (Notfallplan) des Lieferanten durch den Einkauf angefordert (siehe Beispiel im Anhang). Sind die dargestellten Präventivmaßnahmen nicht ausreichend, sind diese seitens des Lieferanten mit Angaben von Korrektur- und Vorbeugemaßnahmen auf den erforderlichen Stand zu bringen. Verantwortlich für die Überwachung der Maßnahmen ist der Lieferant. Der Einkauf ist zum festgelegten Termin vom Lieferanten über den Erfüllungsgrad der jeweiligen Korrektur- und Vorbeugemaßnahmen zu informieren.

4. Information an Kunden

Sollten sich Probleme hinsichtlich der Belieferung der Kunden durch den Ausfall von Lieferungen und Leistungen oder Lieferanten ergeben, informiert der Vertrieb bei Bedarf den Kunden und stimmt die weitere Vorgehensweise mit diesem sowie intern ab.

5. Anhänge

Prozessbeschreibung, Risikomanagement, Maßnahmenplan Lieferanteninsolvenz (Liquidation), Notfallpläne

Checkliste 3: Übersicht von Informationsquellen für den Einkauf

http://catpool.wallmedien.de	E-Procure-Glossar
www.abconline.de	Datenbank der ABC-Verlagsgruppe (ABC der deutschen Wirtschaft)
www.auma.de	Portal und Datenbanken für Internat. Messen
www.basware.com	Anbieter von Purchase-to-Pay-Lösungen
www.beschaffung.at	News und Newsletter, Beschaffungsportal strategischer Einkauf
www.bjm.bund.de	Bundesjustizministerium (z. B. InsO)
www.bme.de	Bundesverband Materialwirtschaft, Einkauf und Logistik
www.bme-akademie.de	Weiterbildungsakademie des BME
www.bmeopensourcing.com	Lieferantenplattform für Einkaufsentscheider
www.branchenbuch.de	Portal zu Informationen über Unternehmen, Institutionen und Verbänden
www.cfsm.de +	Centrum für Supply Management
www.cia.gov	The World Factbook aller Länder des CIA
www.creditreform.de	Allgemeine Finanzinformationen
www.destatis.de	Statistisches Bundesamt Deutschland
www.dihk.de	Deutsche Industrie- und Handelskammertag
www.einkauf.ch	EML Einkauf, Materialwirtschaft, Logistik, Fachzeitschrift
www.e-procure.de	Fachmesse für elektronische Beschaffung
www.europages.com	Verzeichnis B2B-Commerce, EU-Suchmaschine
www.exportpages.de	Export Netzwerk, Die virtuelle Exportmesse
www.fkm.de	Gesellschaft zur Kontrolle von Messe- und Ausstellungszahlen
www.gdur.de	GDUR Mittelstandsrating AG
www.glossar.de	Internet-Lexikon
www.gps-logistics.com	Global Procurement Consulting
www.hermes-rating.de	Euler Hermes Rating GmbH (BaFin anerkannte Ratingagentur)
www.icc-deutschland.de	Veröffentlichungen Internationale Handelkammer
www.industrie.seibt.com	Einkauf, Verkauf & Marketing: Informationen Hoppenstedt Datenbanken (technischer Einkauf)
www.industriebedarf.de	Datenbank für Industriebedarf
www.industriedaten.de	Firmenprofile der deutschen Wirtschaft, Datenbank
www.industrienet.de	Datenbanken, Fachportal Wirtschaft – Technik
www.infobroker.de	Produkt- und Lieferantenrecherche
www.kfw.de	Kreditanstalt für Wiederaufbau (Förderbank)
www.kompass.com	Weltweite B2B-Suchmaschine
www.kompass-deutschland.de	Deutsche Homepage
www.konzernstrukturen.de	Datenbank weltweiter Unternehmensverflechtungen
www.logistik.de	Logistik aktuell
www.logistik-heute.de	Das Deutsche Logistikmagazin
www.manufacturing.net	Purchasing Magazine
www.rating-services.de	Rating Services AG (Mittelstands Rating und -Finanzierung)
www.supply-markets.com	(Global Sourcing Portal)

www.svme.ch	Schweizer Verband für Materialwirtschaft und Einkauf
www.techpilot.de	Lieferantendatenbank. Internetplattform
www.telefonbuch.de	Internationales Telefonbuch, Telefonbuch DE
www.thomasregister.de	Internationales Thomas Register, Thomasnet.com
www.tremnet.com	Thomas Register of European Manufacturers
www.ura.de	Unternehmens Ratingagentur AG (URA-Ratingagentur AG)
www.vdma-products.com	Maschinenbau in Deutschland des VDMA
www.wikipedia.de	Internet-Lexikon
www.wlw.de	Wer liefert was

Literaturverzeichnis

Adena, Klaus/TEIA, Warenwirtschaft: Systeme und Dienste für kleine und mittelständische Unternehmen, Berlin 2003

Appelfeller, Wieland/Buchholz, Wolfgang, Selected Services, in: Beschaffung aktuell, Leinfelden 05/2009

Arnold, Ulli, Beschaffungsmanagement, Stuttgart 1996

Arnolds, Hans/Heege, Franz/Tussing, Werner, Materialwirtschaft und Einkauf, 8. Auflage, Wiesbaden 1996

Asghari, Reza, Entrepreneurship? In: studi 38.de, Ausgabe 3, Braunschweig 2010/2011

Betriebswirtschaftliches Institut Stahl, Arbeitskreis Technische Revision, Fremdleistungsmanagement – Handlungsempfehlungen und Thesen, Düsseldorf 2003

Bürgerliches Gesetzbuch (BGB), 66. überarbeitete Auflage, München 2010

BME, Best Practice in Einkauf und Logistik, 2. Auflage, Wiesbaden 2008

BME, Leitfaden Einkauf von Marketingleistungen, BME-Fachgruppe Marketingeinkauf, Frankfurt

BMEnet Fachnews, Frankfurt 2007, ohne Verfasser

Bogaschewsky, Ronald (Hrsg.), Integrated Supply Management, München 2003

Boutellier, Roman/Wagner, Stephan M./Wehrli, Hans Peter, Handbuch Beschaffung, München 2003

Braun, Wilfried, Geschäftsverträge, Bd. 10, Stuttgart 2007

Brecht, Ulrich, Die Materialwirtschaft industrieller Unternehmungen, Berlin 1993

Burrack, Heiko, Marketingleistungen einkaufen und das Beste daraus machen, in: Beschaffung aktuell, Nr. 12, Leinfelden 2010

Claßen, Christian, Fremdbezugskalkulation in der Industrie, Frankfurt a. M. 1995

Corsten, Hans/Schneider, Herfried, Wettbewerbsfaktor Dienstleistung, München 1999

CSC Ploenzke AG, Service – Ihr Weg zum Erfolg, 2001

Daum, Andreas/Petzold, Jürgen/Pletke, Matthias, BWL für Juristen, Wiesbaden 2007

Dichtl, Erwin/Issing, Otmar, Vahlens Großes Wirtschaftslexikon, 2. Auflage, München 1994

Dieringer, Thomas, Ganzheitliches Lieferantenmanagement, in: Beschaffung aktuell, Leinfelden Mai 2009

DIHK, Mit Dienstleistungen international erfolgreich, Berlin 2008

Disselkamp, Markus/Schüller, Ralf, Lieferantenrating, Wiesbaden 2004

Eschenbach, Rolf, Erfolgspotenzial Materialwirtschaft, Wien 1990

Eßig, Michael (Hrsg.), Perspektiven des Supply Management – Konzepte und Anwendungen, (Festschrift für Ulli Arnold), Heidelberg 2005

Faes, Wouter, Kreatives einkaufen von Dienstleistungen und Projekten, Wien 1997

Frank, Werner/Wille, Clemens/Bongers, Hans-Rainer, Wie kalkuliere ich Zeitlohnverrechnungssätze, 2. überarb. Auflage, Frankfurt a. M. 1991

Gabath, Christop Walter, Gewinngarant Einkauf, Wiesbaden 2008

Gaitanides, Michael, Prozessorganisation, 2. Auflage, München 2007

Gass, Wolfram, Das neue BGB in der unternehmerischen Praxis, Ulm 2002

Glebe, B./Koller, S., in: Hannoversche Allgemeine Zeitung, 18.09.2010

Gramlich, Ludwig, Öffentliches Wirtschaftsrecht, Berlin-Heidelberg 2007

Grap, Rolf, Produktion und Beschaffung, München 1998

Griesshaber, Herbert, Logistikmanagement, München 1996

Grobholz, Harald R., Managementaufgabe Instandhaltung, Bd. 3, Landsberg/Lech 1987

Grochla, Erwin/Schönbohm, Peter, Beschaffung in der Unternehmung, Stuttgart 1980

Gross, Jürgen/Bordt, Jörg/Musmacher, Matias, Business Process Outsourcing, Wiesbaden 2006

Grossmann, Matthias, Einkauf leicht gemacht, 3. Auflage Heidelberg 2007
Grossmann, Matthias, Die 10 Schritte zum Einkaufserfolg, 2. Auflage, Renningen 2007

Hartmann, Horst, Materialwirtschaft, 8. Auflage, Gernsbach 2002
Hartmann, Horst, Modernes Einkaufsmanagement, Gernsbach 2007
Hartmann, Horst, Lieferantenmanagement, 2. Auflage, Gernsbach 2010

Haßmann, Volker, Einkäufer als Kosteningenieure, in: Best in Procurement (BIP), Ausgabe 2, Frankfurt März/April 2011

Heimbrock, Klaus Jürgen, Kompetenzpartnermanagement, Wiesbaden 2001

Herrmann, Wolfgang A., in: Service-Innovation, Broschur Executive Summary, o. A.

Hirschsteiner, Günter, Beschaffungsmarketing und Marktrecherchen, München, Wien 2003

Hodel, Marcus/Berger, Alexander/Risi, Peter, Outsourcing realisieren, 2. Auflage, Wiesbaden 2006

Hoeth, Ulrike/Schwarz, Wolfgang, Qualitätstechniken für die Dienstleistung, München 1997

Hofbauer, Günter/Bauer, Christian, Integriertes Beschaffungsmarketing, München 2004

Irrgang, Jacqueline, Leitfaden Kundenservice, Offenbach 2009

Katzmarzyk, Johannes, Einkaufs-Controlling in der Industrie, Frankfurt a. M. 1988

Kern, Ferdinand, Einkaufsmarketing, Freiburg i. Breisgau 1991

Keitsch, Detlef, Risikomanagement, 2. überarbeitete und erweiterte Auflage, Stuttgart 2007

Knauer, Carsten, Nicht ohne den Einkauf – Marketingeinkauf, in: BIP, Ausgabe 1, Frankfurt Januar/Februar 2011

Koppelmann, Udo, Beschaffungsmarketing, 4. Auflage, Heidelberg 2004
Koppelmann, Udo/Lumbe, Hans-Joachim, Prozeßorientierte Beschaffung, Stuttgart 1994

Kopsidis, Rallis M., Materialwirtschaft, 3. Auflage, München, Wien 1997

Kreuzpointer, Alexandra/Reißer, Ralf, Praxishandbuch Beschaffungsmanagement, Wiesbaden 2006

Kummer, Sebastian(Hrsg.)/Grün, Oskar/Jammernegg, Werner, Grundzüge der Beschaffung, Produktion und Logistik, München 2006

Küting, Karlheinz/Schnorbus, Axel (Hrsg.), Betriebswirtschaftslehre heute, Frankfurt a. M. 1992

Large, Rudolf (Hrsg.), Trends im Beschaffungsmanagement, Bernburg 1998
Large, Rudolf, Strategisches Beschaffungsmanagement, Wiesbaden 1999
Large, Rudolf/König, Tatjana, Internationale Beschaffung von Dienstleistungen – Eine Untersuchung der HTW des Saarlandes, Saarbrücken 2008

Leendertse, Julia, Einkäufer als Trendscouts, in: Handelsblatt, Düsseldorf 4. Mai 2007

Lemme, Markus, Erfolgsfaktor Einkauf, 2. Auflage, Berlin 2009

Lerch, David, Wo der Einkäufer Innovation ordert, in: Handelsblatt, Düsseldorf 4. Mai 2009

Letzgus, Oliver, Financial Planning 2 - Ökonomisches Basiswissen, Stuttgart 2008

Lopp, Volker, IT-Einkauf: Interdisziplinäre Zusammenarbeit senkt Kosten, in: Technik+Einkauf, Ausgabe 06, Landsberg November 2009

Lüerßen, Hartmut, in: Dienstleistungen – Vision 2020 Lünendonk, Thomas/Hossenfelder, Jörg, Hrsg., Frankfurt a. M. 2009

Lünendonk, Thomas/Hossenfelder, Jörg, Dienstleistungen – Vision 2020, Frankfurt a. M. 2009

Mangold, Klaus, Dienstleistungen im Zeitalter globaler Märkte, Wiesbaden 2000

Materialfluss – Das Fachmagazin für Logistikleiter, Alternativen zum Kauf, ohne Verfasser, Landsberg März 2008

Matyas, Kurt, Taschenbuch Produktionsmanagement, München, Wien 2001

Mauch, Cornelius/Seyfarth, Christoph, Einkauf in der Krise, München 2011

Meyer, Matthias/Schneider Burkhard, Einkaufskosten senken im Mittelstand, Wiesbaden 2007

Melzer-Ridinger, Ruth, Materialwirtschaft und Einkauf, 5. Auflage, München 2008

Mindach, Ulrich, Qualitätsmanagement im Einkauf, Gernsbach 1997

Muhr, Christoph, Lieferanten im Fokus – IT-Einkauf, in: BIP, Ausgabe 4, Frankfurt Juli/August 2011

Müller, Anja, Dienstleistungen – Die Vermessung der Service-Welt, in: Handelsblatt Wissenschaft & Debatte, Düsseldorf 10.06.2009

Niemand, Stefan, Target Costing für industrielle Dienstleistungen, München 1996

Opaschowski, Horst W., Deutschland 2010, o. A.

Peemöller, Volker H., Der Markt als Einflußfaktor der Unternehmensgröße, o. A.

Pepels, Werner, Qualitätscontrolling bei Dienstleistungen, München 1996

Poirier, Charles C./Reiter Stephen E., Die optimale Wertschöpfungskette, Frankfurt a. M. 1997

PRTM Management Consultants GmbH, Flexibility in Times of Crisis – 2009, An extended edition of PRTMs „Global Supply Chain Trends 2008 – 2010", Frankfurt 2009

REFA, Methodenlehre der Betriebsorganisation, Planung und Steuerung Teil 2, München 1991

Reiß, Michael, Der neue Mittelstand, Frankfurt a. M. 1998

Rink, Christian, Wagner, Stephan M., Eine Lieferung Ideen, in: Beschaffung aktuell, Leinfelden 08/2009

Rüdrich, Gerold/Kalbfuß, Werner/Weißer, Karlheinz (Hrsg.), Materialgruppenmanagement, 2. Auflage, Wiesbaden 2004

RWI, Potenziale des Dienstleistungssektors für Wachstum von Bruttowertschöpfung und Beschäftigung, Endbericht, Essen Dezember 2008

Sandig, Curt (Hrsg.)/Geist, Manfred, Vom Markt des Betriebes zur Betriebswirtschaftspolitik, Stuttgart 1971

Schäfer, Christian, Prozeßorientiertes Zeitmanagement – Konzeption und Anwendungen am Beispiel industrieller Beschaffungsprozesse, Köln 2001

Schierenbeck, Henner, Grundzüge der Betriebswirtschaftslehre, 10. Auflage, München 1989

Schmidt, Hans-Jürgen, Betriebswirtschaftslehre für die Verwaltung, 3. Auflage, Heidelberg 1995

Schmid, Karlheinz, Verträge richtig abgrenzen, in: Beschaffung aktuell, Leinfelden 08/2011

Schneider, Hermann, Outsourcing von Gebäude- und Verwaltungsdiensten, Stuttgart 1996

Schröder, Christoph, Industrielle Arbeitskosten im internationalen Vergleich, in: IW-Trends Vierteljahresschrift zur empirischen Wirtschaftsforschung aus dem Institut der deutschen Wirtschaft Köln, 37. Jahrgang, Heft 3/2010

Schröder, Michael, Internationales Beschaffungsmarketing der Industrieunternehmung, Organisation und Management Bd. 7, Göttingen 1993

Schröder, Sebastian, Dienstleistungsverträge, Braunschweig 2010

Schuh, Günter/Friedli, Thomas/Gebauer, Heiko, Fit for Service: Industrie als Dienstleister, Wien 2004
Schuh, Günter: Wie der Einkauf aus der Krise neue Stärke schöpft, in: Beschaffung aktuell, Leinfelden Juni 2010

Sichtmann, Christina/Griese, Ilka/Klein, Maren, DIHK (Hrsg.), Mit Dienstleistungen ins Ausland, Berlin 2007

Spohrer, Hans, Controlling in Einkauf und Logistik, Gernsbach 1995

Stoll, Patrick P., E-Procurement, Wiesbaden 2007

Thieg, Antonia, Facility Management: Offene Bücher erleichtern die Auswahl, in: Beschaffung aktuell, Nr. 10, Leinfelden 2011

Thonemann, Ulrich/Behrenbeck, Klaus/Diederichs, Rainmund/Großpietsch, Jochen, Küpper, Jörn/Leopoldseder, Markus, Supply Chain Champions, Wiesbaden 2003

Tümmler, Thorsten, Dienstleistungsnachfrage durch Unternehmen, Statistisches Bundesamt, Wiesbaden 2005

Vahrenkamp, Richard/Siepermann, Christoph (Hrsg.), Risikomanagement in Supply Chains, Berlin 2007

Vollmuth, Hilmar J., Marktorientiertes Kostenmanagement, Planegg 1997

Wagenhofer, Alfred, Die Vermessung der Service-Welt, in: Handelsblatt, 10.06.2009

Wagner, Richard, Strategie und Management-Werkzeuge, Bd. 9, Stuttgart 2007

Wannenwetsch, Helmut H./Nicolai, Sascha, E-Supply-Chain-Management, 2. Auflage, Wiesbaden 2004

Weishaupt, G., Dienstleistungen sind attraktiver, in: Handelsblatt 27.01.2010

Westermann, Herbert, Lexikon für den Einkauf, Kissing 2004

Wieselhuber & Partner, Beschaffungsmanagement, München, o. J.

Wirtschaftsvereinigung Stahl, Arbeitskreis Technische Revision, Fremdleistungen, insbesondere Bauleistungen in der Stahlindustrie, Düsseldorf 1995

Wöhe, Günter, Einführung in die Allgemeine Betriebswirtschaftslehre, 18. Auflage, München 1993

Zabota, Daniel, Viele springen wieder ab, in: Beschaffung aktuell, Leinfelden 4/2008
Zabota, Daniel, Qualität in großen Höhen, in: Beschaffungsmarkt Supply 2007, Leinfelden 2007
Zabota, Daniel, Das nächste große Ding, in: Beschaffung aktuell, Leinfelden 2011

Zwilling-Pinna, Claudia/Bockamp, Berthold, Wartungs- und Dienstleistungsverträge, BME Akademie GmbH, ohne Jahresangabe
Zwilling-Pinna, Claudia, Rechtshandbuch für die Einkaufspraxis Band 1-3, Kissing 2009

Stichwortverzeichnis

5S-Methode 68
ABC-Analyse 110, 142
Abnahme 66, 97 ff.
Abschlussfreiheit 128
After-Sale-Costs 69
After-Sales-Gewinn 125
After-Sales-Management 125
Agenturleistungen 55
Alternativlieferanten 32, 102
Angebotselastizität 32
Anwaltssozietät 79
Arbeitnehmerüberlassung 51, 84, 128 f.
Arbeitskostendynamik 34
Arbeitsproduktivität 34, 64
Ausschreibungsprozess 93
Außenhandel 36
automatisierter Workflow, 83
B2B-Umsätze 96
Banf 90
Baubehinderungen 98
Baustellenversicherung 134
Bedarfsermittlung 44, 88
Bedarfsrechnung 89
Bedarfsträger 18, 90, 118
Benchmarking 101, 120
Beratungsleistungen 42, 76
Beratungsunternehmen 24, 77
Beschaffungsabwicklung 88
Beschaffungsdienstleistungen 85
Beschaffungsmanagement 19, 20
Beschaffungsmärkte 23
Beschaffungsmarktforschung 47, 88
Beschaffungsobjekte 34, 118 f.
Beschaffungsorganisation 44, 144
Beschaffungsplanung 80
Beschaffungsportfolio 48, 137
Beschaffungsprozess 88
Beschaffungsquellen 34
Beschwerdemanagement 112
Best Practice 18, 101 f.
Betriebshaftpflicht 134
Betriebsmittel 27
Betriebsrisiken 115
Bewertungskriterien 106
Bewertungstools 137
Beziehungsmanagement 111, 139, 143

Bilanzanalyse 117
Binnenmarkt 38
Bruttoinlandsprodukt 25
Bündelungsstrategien 61, 119
Cashflow 80
Catering 65, 70
Chancen 35
Change-Management 20
Cloud Computing 60
Compliance-Systeme 94, 116 ff.
Code of Conduct 116
Contract Management 134
Controlling 30, 105, 109
Corporate Card 73
Corporate Governance 117
Cost Engineering 107
Costbreaking 116
C-Teile-Management 19, 43
Datenkommunikation 61
demografischer Wandel 16, 33
Design-to-cost 52
Dienstleistungen 24
Dienstleistungsabwicklung 97
Dienstleistungsbetriebe 40
Dienstleistungsbilanz 26
Dienstleistungseinkauf 40, 41, 44
Dienstleistungsexporte 36
Dienstleistungsfreiheit 38
Dienstleistungsgesellschaft 25, 145
Dienstleistungsmanagement 30
Dienstleistungsmarketing 125, 130
Dienstleistungsnutzer 31
Dienstleistungspersonal 27
Dienstleistungsprozess 27, 33
Dienstleistungsqualität 105, 126
Dienstleistungssektor 17, 25, 41, 145
Dienstleistungsstatistiken 41
Dienstleistungsverkehrsfreiheit 38
Dienstleistungsverträge 99, 129
Dienstleistungswirtschaft 144
Dienstleistungswüste 144
Dienstvertrag 78, 128
Digital Prototyping 50
Dokumentenmanagement 99
Due Diligence 65
Durchlaufzeiten 103
Earliest Supplier Envolvement 139

EDI-Technologien 62
Effizienz 59, 65
Eigenkapitalquote 80
Einkaufsbusiness 22
Einkaufs-Controlling 105, 109
Einkaufskooperation 119, 120
Einkaufsorganisation 20, 44
Einkaufsstrategie 21
Elektromobilität 127
elektronische Plattformen 118
Elektronische Prozesse 104
Empfängerortsprinzip 96
Entleiher 84, 129
Entwicklungsleistungen 49, 51
Entwicklungspartner 49, 139
enumerative Definition 26
Erfahrungskurve 110
Ergebnisorientierung 28
Ertragssituation 43
Eskalationsmanagement 85
e-Sourcing-Lösung 86
EU-Beitrittsländer 34
Europäische Dienstleistungsrichtlinie 37
Europäische Gemeinschaft 37
Europäische Wirtschaftsverfassung 37
Europäischer Gerichtshof 39
Europäischer Markt 36
Euro-Rettungsschirm 16
Externe Dienstleistungen 30
F&E Abteilung 51
Facility Management 63, 64, 65
Factoring 80
Fehlerkosten 109
Fehlerrate 109
Fehlervermeidung 114
Festpreis 51
Finanz- und Kreditwirtschaft 15, 128
Finanz- und Liquiditätskrise 18
Finanzdienstleistungen 80
Finanzprozess 82
Firmenphilosophie 136
Flatrates 63
Flexibilität 86, 136
Flurförderzeuge 76
Folgekosten 35
Forderungsverzicht 81
Formfreiheit 128
Fortschrittskontrolle 98

Frachtführer 74
Freitextbestellungen 104
Fremdbezugsanteil 20
Fremdbezugspolitik 41
Fremdfertigung 19
Fremdleistungsmanagements 98
Fremdleistungstiefe 30
Fuhrpark 76
funktionelle Dienstleistungen 40
Gefahrübergang 133
Germany Trade & Invest 39
Gesamtkostenbetrachtung 108
Geschäftsbedingungen 128
Geschäftsrisiken 115
Gewährleistungsregime 133
Global Sourcing 15, 19, 21, 34 ff., 88
Grundlagenforschung 49
Gutschriftverfahren 99
Haftung des Auftragnehmers 133
Handelspolitik 37
Hauptleistungspflicht 96
Hebellieferanten 142
Herstellkosten 107
Honorarhöhe 78
Immaterialität 29
Immobiliendienstleistung 64
Industrialisierung 24
Industriegesellschaft 145
industrielle Güterproduktion 144
Industrielle Instandhaltung 67
Inflationsrate 16
Informationsquellen 118
Informationsversprechen 90
Ingenieurleistungen 51
Innovation 32
Innovationsfähigkeit 118
Innovationsmanagement 139, 140
Innovationsworkshops 140
innovative Serviceleistungen 127
Insourcing 136 f.
Instandhaltungsstrategie 69
institutionelle Dienste 40
Intangibilität 33
Intern. Dienstleistungswirtschaft 35
Internationalisierung 22
Interne Dienstleistungen 30
Internet 60, 127
Investitionen 49, 68, 69, 77, 137
IT-Outsourcing 58

IT-Strategie 60
Juristische Leistungen 78
Just-in-Sequence 74
Just-in-Time 74, 88, 90
Kalkulationsparameter 107
Kapazitätsprobleme 58, 69
Kapitalbindung 21
Kapitalumschlagshäufigkeit 21
Käufer- oder Verkäufermarkt 56
Kennzahlen 100, 108
Kerngeschäft 30, 41, 123
Key Supplier Management 138
Kommunikation 106, 111
Komplexität 17, 23, 122
Konsignationsläger 22
Konstruktions- und Ingenieurleistungen 51, 53
Konstruktionsstückliste 52
Konsum 33
Kontrakte 131
Kooperation 106, 119, 143
Kooperationsintensität 109
Körpersprache 121
Kostendruck 55
Kostenreduzierung 20, 69, 81, 136
Kostensenkungspotenzial 58
Kostentransparenz 103, 116
Kostentreiber 35, 69, 108
Kreativität 57
Krisenmanager 22
Krisensituationen 15, 22
Krisenteam 80
Kundenbedürfnisse 27, 97
Kundenforderungen 100
Kundenkontakt 111
Kunden-Lieferanten-Beziehung 30, 49
Kundenorientierung 112, 113
Kundenzufriedenheit 97, 112
Kündigungsfristen 131
Kurierdienste 74
Lastenheft 18, 92 f.
Lead-Buyer-Konzept 47, 102, 119
Lean Management 64
Lean Produktion 19
Lean-Procurement-Prinzipien 100
Leasing 80
Lebenszyklus 125
Leiharbeitnehmer 129
Leistungsbeschreibungen 18

Leistungsbeurteilungskriterien 106
Leistungserbringung 28, 96
Leistungserfassung 105
Leistungsergebnis 98
Leistungskompetenz 125
Leistungsort 96
Leistungsprozess 98
Leistungsstörungen 133
Leistungsverzeichnisse 93
Leistungsziel 105
Leitungskosten 103
Liberalisierte Märkte 36
Lieferanten- und Risikomanagement 19, 21
Lieferantenauditierung 102
Lieferantenbewertungssystem 141
Lieferantenentwicklung 142
Lieferanteninnovationen 116
Lieferantenintegration 141
Lieferantenperformance 143
Lieferantenpflege 95
Lieferantenselbstauskunft 102, 107, 118
Lieferantensteuerungsprozess 142
Lieferpartnerschaft 118
Lieferqualität 143
Lieferquellen 86
Lieferservicegrad 100
Life-Cycle-Management 124
Liquidität 80, 115
Liquiditätsmanager 22
Liquiditätsplanung 80
Liquiditätssteuerung 21
Lizenzen 53, 54, 61
Local Content 50
Local Buying 21, 31, 88
Logistik 74
Logistikkennzahlen 75
Logistikkonzept 76
Lohnkostenvorteile 34
Low Cost Countries 102
Make or Buy Entscheidung 88, 137 f.
Managementkonzepte 31
Mängelrechte 133
Markengesetz 54
Marketing 55
Marketing-Mix 55, 126
Marktentwicklung 31, 126
Marktscreening 77, 118

Marktverhalten 32
Materialgruppenmanagement 19, 45 f.
Maverick Buying 18, 120 f.
Meilensteinplanung 59
Meldepflicht 98
Mergers & Aquisitions 123
Messmittel 105
MGM-Portfolio 47
MGM-Teams 47
Mitarbeiter 77
Montageversicherung 134
Multiple Sourcing 88
Musterleistungsverzeichnisse 93
Musterverträge 132
Nachhaltigkeit 65, 143
Nachtragsmanagement 51
Nachverhandlung 83
Nebenkosten 51, 70
Nebenleistungspflichten 96
Negativdefinition 26
Netzwerke 119, 120
Nullserie 52
Nutzenstiftung 28
Öffentliche Dienstleistungen 31
Offshoring 136
On-Demand-Lösungen 73
One-face-to-the-supplier 142
Open Book Policy 66
Operationelle Dienstleistungen 70
Outsourcing 19, 86, 130, 136
over-engineering 53
Patent 53, 54
Pauschalhonorar 79
Personalberatung 123
Personaldienstleistungen 83
Personalintensität 30
Pflichtenheft 92 f.
place of supply rules 96
Portfolio-Analyse 142
Potenzialorientierung 27
Potenzialermittlung 47
Präambel 131
Preisbestandteile 106
Preis-Leistungs-Verhältnis 28, 57
Preisvolatilität 56
Preventive Maintenance 67
Primär- und Sekundärquellen 118
Primärbedarf 90
Primärdienstleistung 123

Printmedien 57
Privatpersonen 32
Probeaufträge 102
Problemlösungsbereitschaft 112
Procurement Outsourcing 85
Product Lifecycle Management 125
Produktentstehungsprozess 21, 138
Produktionsfaktor 33
Produktionstechnologie 49
Produktivität 109
Produktorganisation 21
Produktportfolio 36
Professionelles Verhandeln 121
Projekteinkauf 21
Projektmanagement 48
Prototypenbau 52
Prozessaufwand 103
Prozessketten 88
Prozesskosten 57, 103
Prozessmanagement 100
Prozessoptimierung 13, 77, 100
Prozessorientierung 27, 88
Prozessqualität 28
prozessuale Abgrenzung 27
Purchase to pay 104
Pönale 99
Qualitätsanforderungen 114, 131
Qualitätskosten 35
Qualitätsmerkmale 91, 105
Qualitätssicherungssysteme 113
Quellcodes 61
Rahmenverträge 131
Rechnungswesen 82, 99
Reiserichtlinien 72
Reisesoftware 73
Reklamationsrate 109
Renditestärke 137
Resident Engineer 53
Reverse-Engineering 49
Rezession 16
Risiken 35, 115
Risikomanagement 95, 116, 117
Roaming-Verordnung 63
Rohstoffquellen 48
Sachleistungsbetriebe 40
SAP-Systeme 60
Schattenwirtschaft 115
Scheinselbständigkeit 133
Schlechtleistung 139

Schlüssellieferanten 20
Schnittstellenmanagement 141
Schwellenländer 61
Seltene Erden 23
Service Level 66
Service-Innovationen 141
Service Qualität 65, 109
Short list 78
Simultaneous Engineering 50
Single Sourcing 88
SLA 59
Social Media 57
Soft-Facts 143
Software 58, 59
Sozialkassen 133
Spediteurbedingungen 74
Spezialisierungsgrad 122
Sprachkommunikation 62
SQI 59
Standardisierung 57, 90
Statistisches Bundesamt 26, 32, 34, 41, 48, 56
Steuerberater 82
Steuerungsmöglichkeiten 138
Störfallmanagement 127
Strategiemanagement 20
strategische Beschaffungspolitik 19, 43
Stundennachweise 110
Subunternehmer 107, 133
Subventionen 115
Supply Chain Management 74, 100
Supply Operations 20
Supply Risk Management 117
Systemlieferant 123
Tagesberichte 110
Target Bidding 94
Target Costing 107
Tarifverträge 70
Taylorismus 24
TCO 31, 108
Technologieführerschaft, 95
Telekommunikation 62
Telekommunikationsdienste 24
Telekommunikationsgesetz 61
Terminüberwachung 99
tertiärer Sektor 25
Testate 99
Time-to-market 21
Time-to-market-Phase 52

Total Cost of Ownership (TOCO) 34, 108
Total Productive Maintenance 67
Transparency International 115
Transportdienstleistungen 74
Travelmanagement 72
Umweltmanagement 113, 114
Unternehmensberatung 76, 123
Unternehmensfinanzierung 80
Unternehmensliquidität 22
Unternehmensorganisation 20, 22
Unternehmensstrategie 17, 21, 136
Unternehmensziele 16
Verhandlungsprotokoll 95, 122
Verhandlungstraining 122
Verhandlungsvorbereitung 121
Verleiher 84, 129
Versicherungen 75, 81 f., 128, 134
Versicherungsmakler 81
Versicherungsschutz 134
Versorgungsrisiken 117
Vertragsarten 128
Vertragschancen 132
Vertragsinhalte 128
Vertragsmanagementsystem 134
Vertragsstrafenklausel 79
Vertrieb 51
Verzollung 75
Volatilität 15
Wartungsverträge 124
web 2.0 57
Weiterbildungsmarkt 56
Wertanalysen 109
Wertbeitrag 20
Wertschöpfung 18, 116, 138
Wertschöpfungskette 75, 100, 142
Wertschöpfungspartnerschaften 62
Werttreiber 22
Wertvernichtung 139
Wettbewerbsfähigkeit 17, 20
Wettbewerbspolitik 102
Wettbewerbsvorteile 19
Win-Win-Situation 143
Wirtschaftlichkeitsprinzip 99
Wirtschaftsfaktor 24
wissensintensive Dienstleistungen 127
World Class Excellence 18
XYZ-Analyse 142
Zahlungsbedingungen 22, 78

Zeitarbeit 83
Zeitarbeitnehmer 84
Zeitarbeitsbranche 84

Zielkonflikte 46
Zielkosten 107

Printed by Libri Plureos GmbH
in Hamburg, Germany